KB188540

마음을 돌아보며

정태성

머리말

  이 세상에서 나의 마음보다 더 중요한 것은 없을 것입니다.
나 스스로 나의 마음을 어찌하지 못하는 데 다른 것은 아무 소
용도 없을 것입니다.

  나에게 가장 중요한 것은 나의 마음이라는 생각이 듭니다.
이 세상에서 어떠한 고통이나 괴로움이 있더라도, 나에게 어떠
한 일이 일어나더라도 나의 마음이 청정하고 고요하며 흔들리
지 않고 굳건히 서 있기만 한다면 이 세상에서 내가 존재하는
동안 마음의 평안을 누리고 진정한 자유인으로서 행복한 삶을
살아갈 수 있을 것입니다.

  수심결을 읽으며 마음에 대해 생각해 보았습니다. 보다 평안
하고 보다 고요한 마음이 되기 위해 수심결을 생각하며 간단히
정리해 보았습니다. 저의 생각보다는 수심결의 내용이 길잡이
가 될 것이라 생각됩니다. 비록 부족하지만 한 분에게라도 조
그만 도움이 되었으면 좋겠습니다.

2023. 8.

글쓴이

차례

1. 자기 마음을 알면

윤회 고통이 마치 불난 집과 같은데 어찌 그대로 참고 머물러 있는가?

三界熱惱 猶如火宅 其忍淹留
삼계열뇌 유여화택 기인엄류
甘受長苦 欲免輪廻 莫若求佛
감수장고 욕면윤회 막약구불
若欲求佛 佛卽是心 心何遠覓
약욕구불 불즉시심 심하원멱
不離身中 色身是假 有生有滅
불리신중 색신시가 유생유멸
眞心如空 不斷不變 故云百骸潰散
진심여공 부단불변 고운백해궤멸
歸火歸風 一物長靈 蓋天蓋地
귀화귀풍 일물장령 개천개지

삼계(三界:욕계·색계·무색계)를 윤회하는 고통은 마치 불난 집과 같은데, 어찌 그대로 참고 머물면서 그 오랜 고통을 받으려 하는가. 그 윤회를 벗어나려면 부처를 찾는 길밖에 없다. 만약 부처를 찾으려면 이 마음이 곧 부처이니, 마음을 어찌 멀리

서 찾을 것인가.

바로 이 몸을 떠나 있는 것이 아니다. 그러나 이 몸은 무상하여 나기도 하고 죽기도 하지만 이 진심(眞心)은 허공과 같아서 끊어지지도 않고 변하지도 않는다. 그러므로 '육체는 죽으면 흩어져 불이나 바람의 자연으로 돌아가지만 마음은 영원히 신령하여 하늘과 땅을 덮는다.' 하였다.

[화택(火宅) : 삼계의 생사에 유전하는 것을 불난집으로 비유한 것이다. 법화경에서 비슷한 말이 있다.
"한 마을에 늙었으나 재물과 시종이 많은 장자가 살았다. 집은 매우 컸지만, 대문은 하나뿐이었다. 집과 누각은 낡았고 담과 기둥은 썩었다. 어느 날 큰불이 일어났다. 장자는 이를 보고 생각했다. '나는 비록 불난 집에서 나왔지만, 자식들은 불이 난 줄도 모르고 놀고만 있구나.' 아무리 타이르고 불러 봐도 나오지를 않자, 아버지는 장난감을 보면 좋아할 것이라고 여겨서 말했다. '너희들이 좋아하는 장난감인 양이 끄는 수레, 사슴이 끄는 수레, 소가 끄는 수레가 지금 문밖에 있으니 나오면 주겠다.' 아이들은 기뻐하면서 앞다투어 불타는 집을 뛰쳐나왔다. 그때 장자는 아이들에게 다 같이 더 좋은 큰 수레를 하나씩 나누어 주었다.
모든 중생을 보니 생로병사와 우비고뇌의 불에 태워지고, 또 요욕으로 재물과 이익을 구하므로 갖가지 괴로움을 받으며, 또 탐내고 애착하여 구하므로 현세에는 여러 가지 고통을 받다가 후세에는 지옥, 축생, 아귀의 고통을 받으며, 혹은 천상에 나거나 인간계에 날지라도 가난하고 궁색하며, 사랑하는 자와의 이별과 미워하는 자를 만나는 등의 갖가지 고통이 있느니라. 중생은 이 가운데 빠져 기뻐해 노닐며 그 고통을 깨닫지도 알지도 못하며, 놀라지도 두려워하지도 않으며, 또 싫증도 내지 아니하고, 해탈을 구하지도 아니하며, 불타는 집 같은 이 삼계에서 동분서주 마구 달려 큰 고통을 당할지라도 이를 근심하지 않느니라. 너희는 삼계의 불난 집에 머무르기를 즐기지 말라. 쓰레기 같은 색성향미촉을 탐내지 말라. 만약 탐내고 사랑하는 마음을 내어 집착하면 그 불에 타고 말리라. 그러나 너희가 속히 삼계에서 나오면 마땅히 성문승, 벽지불승, 불승의 깨달음을 얻으리라. 내가 이제 너희를 위하여 이 일을 책임지고 보증하노라. 결코 헛되지 아니하리니, 너희는 다만 부지런히 공부하라.”

고통과 괴로움, 시기와 질투, 분노와 미움, 절망과 허무, 이러한 속에서 살아가고 있는데도 더 많은 것을 얻기 위해 그곳에 머물며 살아가고 있는 것이 현실이다.
삼계가 항상 불안하여 불난 집과 같은 현실에서 왜 벗어나지 못하는 것일까? 욕심이 끝이 없고 욕망에 눈이 어두워 현실을 보지 못하기 때문이다.
더 이상 그곳에 머물지 말고 이제는 그곳에서 나와야 한다. 편안한 마음과 안식이 있는 삶을 누리고 더 이상 괴로움과 번뇌에서 벗어날 수 있는 지혜로운 일상을 가질 수 있도록 지금 바로 그곳에서 나와야 한다.

그곳에서 나오기 위해 참나를 찾고 내 마음이 맑고 밝고 향기로울 수 있도록 수행해야 한다.]

2. 마음은 본래 스스로 원만한 것

망령된 생각을 여의면 그대로 부처, 그대 몸에 있는데도 보지
못할 뿐

嗟夫今之人 迷來久矣
차부금지인 미래구의
不識自心是眞佛 不識自性是眞法
불식자심시진불 불식자성시진법
欲求法而遠推諸聖 欲求佛而不觀己心
욕구법이원추제성 욕구불이불관기심
若言心外有佛 性外有法 堅執此情
약언심외유불 성외유법 견집차정
欲求佛道者 縱經塵劫 燒身燃臂
욕구불도자 종경진겁 소신연비
敲骨出髓 刺血寫經 長坐不臥
고골출수 자혈사경 장좌불와
一食卯齋 乃至轉讀一大藏敎
일식묘재 내지전독일대장교
修種種苦行 如蒸沙作飯
수종종고행 여증사작반
只益自勞爾 但識自心 恒沙法門

지익자로이 단식자심 항사법문
無量妙義 不求而得
무량묘의 불구이득

　슬프다, 요즘 사람들은 미혹된 지가 오래되어 자기 마음이
참 부처인 줄 알지 못하고, 자기의 성품이 참 진리인 줄 알지
못해서 진리를 구하려고 하면 멀리 성인들만 추앙하고 부처를
찾고자 하면서도 자기의 마음을 관조(觀照)하지 않는다.
　만약 마음 밖에 부처가 있고 성품 밖에 진리가 있다고 말하
면서 이런 뜻에 집착하여 불도를 구하고자 한다면 아무리 오랜
세월동안 몸을 불사르고, 팔을 태우고, 뼈를 부수어 골수를 내
고, 피를 내어 경전을 베끼며, 눕지 않고 오래 앉아 참선만 하
며, 아침 한 끼만 먹으며 나아가 모든 대장경을 다 읽고, 온갖
고행을 닦는다 해도 이는 모래를 삶아 밥을 짓는 것과 같아서
다만 스스로 수고로움만 더할 뿐이다. 그러나 자기의 마음을
알면 갠지스강의 모래알처럼 많은 법문과 한량없는 묘한 이치
를 찾지 않아도 절로 얻게 될 것이다.

[분별심이 멈출 때, 분별이 일어나기 이전 자리에 있는 깨어
있는 알아차림의 순간이 있다. 이것은 분별심 이전의 텅 빈 순
수한 무분별심이다. 흔히 참마음이라고 불리는 진리의 순간을
말한다.
　이런 순간은 보통의 경우에 잘 일어나지 않는다. 아주 몸이
극도로 힘들거나 완전히 에너지가 다 사라져 있을 때 혹은 정

10

신적인 극한 위기 상황에 일어날 수 있다.

마라톤의 경우 러너스 하이(Runner's High)라는 것이 있는데, 달리는 사람이 육체적 한계에 이르러 갑자기 무아지경의 상태에 도달하는 것을 말한다. 나 자신이 문득 스스로를 잊는 상태이다. 학자의 경우에는 몰입의 순간 혹은 창조의 순간을 뜻하기도 한다. 자신의 마음을 아는 순간이 바로 이러한 순간과 비슷할 것이다.

영성 지도자인 아디야샨티는 다음과 같이 말했다.
"많은 이들이 깨어남을 경험하고 있다. 그러나 그렇다고 해서 단번에 에고가 녹아 없어지지는 않는다. 오히려 우리는 우월감에 취하거나, 일상으로부터 도피하거나, 허무주의에 파묻히는 등 에고에게 더욱 거세게 휘둘리게 될지도 모른다. 황홀경 속에서 마냥 행복하리라는 순진한 기대와는 달리 깨어남 이후의 삶이 얼마간은 꽤 혼란스러울 수도 있는 것이다. (깨어남에서 깨달음까지)"

위의 말은 지눌 스님의 돈오 후 점수와 비슷한 의견일 것이다. 깨어남에서 머물지 말고 더욱 나가 깨달음에 도달해야 한다는 뜻이다.

가슴 아파해야 하는 것은 "내 마음이 부처요, 내 성품이 진리이다."라는 사실은 모르고 살아가는 것이다. 진리는 옛 성현 같은 사람에게서나 찾을 수 있고 나에게는 그러한 것이 없다고 생각하는 것 자체가 문제가 될 수 있다.

눈이 어둡고 귀가 멀어 내 안에 있는 것을 보지 못하고 먼 곳에서 진리를 찾느라 세월을 보내곤 한다. 나 자신을 닦고 내가 곧 등불이 되고 법이 되도록 노력한다면 나 자신 충분히 고통과 괴로움에서 벗어나 진정한 자유인으로서 살아갈 수 있을 것이다. 나의 마음만으로도 그것은 충분히 가능할 것이다.]

故世尊云 普觀一切衆生 具有如來
고세존운 보과일체중생 구유여래
智慧德相 又云一切衆生 種種幻化
지혜덕상 차운일체중생 종종환화
皆生如來圓覺妙心 是知離
개생여래원각묘심 시지이
此心外 無佛可成 過去諸如來
차심외 무불가성 과거제여래

그러므로 세존께서 '널리 모든 중생을 관찰하니 다 여래의 지혜와 덕상(德相)을 갖추고 있다' 하시고 또 이르시되 '가지가지의 허망 된 생각들이 다 원만히 깨달은 여래의 묘심(妙心)에서 나온다.' 하셨다. 그러므로 이 마음을 떠나서 부처를 이룰 수 없음을 알아야 한다.

只是明心底人 現在諸賢聖

지시명심저인 현재제현성

亦是修心底人 未來修學人

역시수심저인 미래수학인

當依如是法

당의여시법

願諸修道之人 切莫外求 心性無染

원제수도지인 절막외구 심성무염

本自圓成 但離妄緣 卽如如佛

본자원성 단리망연 즉여여불

  과거의 모든 여래도 오직 이 마음을 밝히신 분이며, 현재의
모든 성현들도 역시 마음을 닦은 사람들이다. 그러니 미래에
수행할 사람도 응당 이 진리에 의지해야 할 것이다. 바라건대
수행하는 모든 사람들은 밖에서 찾지 말라. 마음의 성품은 깨
끗하여 본래 스스로 원만한 것이라 단지 망령된 생각들만 여의
면 곧 그대로가 부처일 것이다.

  [성불한다는 것이 나를 떠나서, 나의 밖에서 하는 것이 아니
고, 누구에게서 찾고 다른 이에게서 가져오는 것도 아니다. 그
것은 내 마음에서 찾는 것이고 더 나아가 나의 마음자리가 본
래 부처라 할 것이다.
  내가 바로 깨어있을 때 그것이 바로 부처임을 확실히 인식하
고 수행하며 정진해야 한다. 내가 부처가 되지 못하는 것은 나
의 마음을 찾지 않고 깨닫지 못하는 어리석음 때문이다.

수행하는 자는 밖에서 무언가를 찾으려 하지 말고 내 안에 있는 것에서 참 진리를 찾아야 한다.]

問若佛性 現在此身 旣在身中
문약불성 현재차신 기재신중
不離凡夫 因何我今 不見佛性
불리범부 인하아금 불견불성
更爲消釋 悉令開悟
갱위서석 실령개오

만약 불성이 지금 이 몸에 있다고 한다면, 이미 이 몸 안에 있으므로 범부를 떠난 것이 아닌데 어째서 저는 지금 불성을 보지 못합니까. 다시 해석하여 속속들이 깨닫도록 해주십시오.

答在汝身中 汝自不見 汝於十二時中
답재여신중 여자불견 여어십이시중
知飢知渴 知寒知熱 或嗔或喜
지기지갈 지한지열 혹진혹희
竟是何物 且色身 是地水火
경시하물 차색신 시지수화
風四緣所集 其質頑而無情
풍사연소집 기질완이무정
豈能見聞覺知 能見聞覺知者

기능견문각지 능견문각지자

必是汝佛性 故臨濟云

필시여불성 고임제운

四大不解說法聽法 虛空不解說法聽法

사대불해설법청법 허공불해설법청법

只汝目前 歷歷孤明 勿形段者

지여목전 역역고명 물형단자

始解說法聽法

시해설법청법

所爲勿形段者 是諸佛之法印

소위물형단자 시제불지법인

亦是汝本來心也 則佛性 現在汝身

역시여본래심야 즉불성 현재여신

何假外求 汝若不信 略擧古聖

하가외구 여약불신 약거고성

入道因緣 令汝除疑 汝須諦信

입도인연 영여제의 여수체신

　그대 몸에 있는데도 그대 스스로가 보지 못할 뿐이다. 그대
가 하루 가운데서 배고프다, 목마르다 하는 것을 알고, 춥다, 덥
다 하는 것을 알고 혹 성내거나 기뻐할 줄 아는데 이것이 결국
어떤 물건인가. 이 몸은 지·수·화·풍의 네 가지 요소가 모여 이
루어진 것이라서 그 바탕이 둔하여 감정이 없으니 어찌 보고,
듣고, 지각할 수 있겠는가. 능히 보고, 듣고, 지각할 수 있는 것

은 반드시 그대의 불성이다.

그러므로 임제 스님은 '이 몸뚱이는 법을 설하거나 법을 듣지도 못하며, 허공도 법을 설하거나 법을 듣지 못하고 단지 그대 눈앞에 밝음이 역력하지만 형상이 없는 그것이 법을 설하고 법을 들을 줄 안다' 하였다.

여기서 말하는 '형상이 없는 그것'이란 바로 모든 부처님의 바탕이며 또한 그대의 본래 마음이다. 그러므로 불성이 지금 그대의 몸에 있는데 어째서 헛되이 밖에서 구하겠는가. 만약 그대가 믿을 수 없다면 간략하게 옛 성인들이 도를 깨친 인연을 들어 그대의 의심을 풀어 줄테니 그대는 잘 듣고 믿기 바란다.

[내 안에 불성이 있는데도 보지 못함은 무엇 때문일까? 형상이 없다고 하여, 이름이 없다고 하여, 마음 한가운데 있는 것도 그동안 깨닫지 못했음은 내가 무지했을 따름이다.

불성이 나에게 있다는 사실을 알지도 못하고 보지도 못하였으니 얼마나 어리석게 그동안 살아왔던 것인가? 이제부터라도 내 안에 있는 불성이 헛되지 않을 수 있도록 하여야 할 것이다.]

3. 불성은 작용하는 가운데 있습니다.

무엇을 부처라고 합니까? 견성하는 것이 부처입니다.

昔異見王 問婆羅提尊者曰 何者是佛
석이견왕 문바라제존자왈 하자시불

尊者曰 見性是佛 王曰 師見性否
존자왈 견성시불 왕왈 사견성부

尊者曰 我見佛性 王曰性
존자왈 아견불성 왕왈성

在何處 尊者曰 性在作用
재하처 존자왈 성재작용

王曰是何作用 我今不見 尊者曰
왕왈시하작용 아금불견 존자왈

今現作用 王自不見 王曰於我有否
금현작용 왕자불견 왕왈어아유부

尊者曰 王若作用 無有不是 王若不用
존자왈 왕약작용 무유불시 왕약불용

體亦難見 王曰若當用時 幾處出現
체역난견 왕왈약당용시 기처출현

尊者曰 若出現時 當有其八
존자왈 약출현시 당유기팔

王曰其八出現 當爲我說 尊者曰
왕왈기팔출현 당위아설 존자왈

在胎曰身 處世曰人 在眼曰見
재태왈신 처세왈인 재안왈견

在耳曰聞 在鼻辨香 在舌談論
재이왈문 재비변향 재설담론

在手執捉 在足運奔 現俱該沙界
재수집착 재족운분 현구해사계

收攝在一微塵 識者知是佛性
수섭재일미진 식자지시불성

不識者喚作精魂 王聞心卽開悟
불식자환작정혼 왕문심즉개오

옛날에 이견왕이 바라제 존자에게 물었다.
"무엇을 부처라고 합니까?"
존자가 대답했다.
"견성(見性)하는 것이 부처입니다."
왕이 물었다.
"스님은 견성했습니까?"
존자가 말했다.
"나는 불성(佛性)을 보았습니다."
왕이 물었다.
"그 불성은 어디에 있습니까."
존자가 말했다.

"불성은 작용하는 가운데 있습니다."

왕이 물었다.

"그것은 어떤 작용이기에 나는 지금 보지 못합니까."

존자가 말했다.

"지금도 나타나서 작용하고 있습니다만 왕께서 스스로 보지 못할 뿐입니다."

왕이 물었다.

"나에게도 그것이 있다는 것입니까."

존자가 말했다.

"만약 왕께서 작용하고 있다면 불성 아닌 것이 없지만 왕께서 만약 그것이 작용하지 않는다면 몸도 또한 보기 어렵습니다."

왕이 물었다.

"만약 작용할 때는 몇 곳에서 나타납니까."

존자가 말했다.

"나타날 때는 여덟 군데로 나타납니다."

왕이 말했다.

"그 나타나는 여덟 군데를 나를 위해 설명해주십시오."

존자가 말했다.

"태(胎) 안에 있으면 몸이라 하고, 세상에 나오면 사람이라 하며, 눈에 있으면 보는 놈이라 하고, 귀에 있으면 듣는 놈이라 하고, 코에 있으면 냄새를 맡고, 혀에 있을 땐 말을 하고, 손에 있으면 붙잡으며, 발에 있으면 부지런히 걷습니다. 두루 나타나면 온 세계를 다 감싸지만 거두어들이면 하나의 티끌 속에 있습니다. 아는 자는 이것이 곧 불성인줄을 알지만 모르는 자들은 정혼(情魂)이라 부릅니다."
왕은 이 말을 듣고 마음이 바로 열리었다.

又僧 問歸宗和尙 如何是佛 宗云
우승 문귀종화상 여하시불 종운
我今向汝道 恐汝不信 僧云 和尙誠言
아금향여도 공여불신 승운 화상계언
焉敢不信 師云 卽汝是
언감불신 사운 즉여시

또 어떤 스님이 귀종화상에게 물었다.
"무엇이 부처입니까."
귀종화상이 말했다.
"내가 지금 그대에게 말하려 하나 그대가 믿지 않을까 두렵
다."
스님이 말했다.
"화상의 지극한 말씀을 어찌 감히 믿지 않겠습니까."
화상이 말했다.
"그대가 바로 부처이니라."

[불성은 내 안에 있으니 바로 나 자체이기도 하다. 밖에서 그
것을 찾으려 하지 말고, 나 자신의 내면을 더욱 깊이 들여다

21

보고 나는 누구인지를 확실히 알아야 한다.

나에게 있는 불성을 나 스스로 눈을 떠서 확인해야 한다. 나의 눈을 뜨기 위해 누군가가 도움을 주더라도 정작 나의 눈을 뜨는 것이 나 스스로 해야 한다.

나의 눈을 뜨지 못한 어두운 곳에서 살지 말고 확연히 나의 눈을 떠서 밝은 세상에서 살아 괴로움과 고통으로부터 자유로워야 한다.]

4. 어떻게 보임(保任)해야 합니까?

입으로만 진리 말하고 사견에 빠지면 자신도 그르치고 남도 잘
못되게 한다.

僧云 如何保任 師云一在眼
승운 여하보림 사운일예재안
空花亂墜 其僧 言下有省
공화난추 기승 언하유성
上來所擧古聖 入道因緣 明白簡易
상래소거고성 입도인연 명백간이
不妨省力 因此公案 若有信解處
불방성력 인차공안 약유신해처
卽與古聖 把手共行
즉여고성 파수공행

스님이 말했다.
"어떻게 보림(保任:깨달은 경지를 잘 보호하며 닦아가는 것)해
야 합니까?"
화상이 말했다.
"하나의 티끌이 눈에 들어가면 허공의 꽃(空花:눈병이 생기면
때로는 아무 것도 없는 허공에 꽃무늬 같은 헛것이 보인다)이

어지러이 떨어지느니라."

그 스님은 이 말에 곧 깨달음이 있었다.

위에서 말한 옛 성현이 도에 들어간 이야기가 명백하고 간단하여, 수고로움을 덜기에 도움이 될 것이다. 이러한 공안(公案: 즉 공부의 규범이 되는 것)을 의지해서 믿음과 이해가 있게 되면 바로 옛 성현들과 손을 잡고 함께 갈 것이다.

問汝言見性 若眞見性 卽是聖人
문여언견성 약진견성 즉시성인
應現神通變化 與人有殊
응현신통변화 여인유수
何故今時修心之輩 無有一人
하고금시수심지배 무유일인
發現神通 變化耶
발현신통 변화야

스님은 성품을 보았다고 하시는데 만일 참으로 성품을 보았다면 바로 성인이시라 신통변화를 나타내어 보통 사람과는 다를 것입니다. 그런데 어째서 요즈음 마음 닦는 사람들은 한 사람도 신통변화를 나타내는 사람이 없습니까?

答汝不得輕發狂言 不分邪正
답여부득경발광언 불분사정

是爲迷倒之人 今是學道之人
시위미도지인 금시학도지인

口談眞理 心生退屈 返墮無分之失者
구담진리 심생퇴굴 반타무분지실자

皆汝所疑 學道而不知先後
개여소의 학도이부지선후

說理而不分本末者 是名邪見
설리이불분본말자 시명사견

不名修學 非唯自誤 兼亦誤他
불명수학 비유자오 겸역오타

其可不愼歟
기가불신여

夫入道多門 以要言之
부입도다문 이요언지

不出頓悟漸修兩門耳 雖曰頓悟頓修
불출돈오점수양문이 수왈돈오돈수

是最上根機得入也 若推過去 已是
시최상근기득입야 약추과거 이시

多生 依悟而修 漸熏而來 至於今生
다생 의오이수 점훈이래 지어금생

聞卽發悟 一時頓畢 以實而論
문즉발오 일시돈필 이실이논

是亦先悟後修之機也 則而此
시역선오후수지기야 즉이차

그대는 함부로 미친 소리를 하지 말라. 사(邪)와 정(正)을 분별하지 못하면, 이는 미혹에 빠진 사람이다. 요즘은 도를 배우는 사람들이 입으로는 진리를 말하지만 마음은 포기상태여서 도리어 분수에 없다는 잘못(無分之失: 중생으로서는 성인의 경지에 들 수 없다는 착각)에 떨어진 자들은 다 그대가 의심하는 것과 같다.

　도를 배우되 선후를 알지 못하고, 진리를 말하되 본말(本末)을 분간하지 못하면 이를 일컬어 사견(邪見)이라 하지 수행이라고 하지 않는다. 이런 이는 자신만 그르칠 뿐만 아니라 겸하여 남도 잘못되게 만드는 것이니 삼가지 않아서 되겠는가. 대개 도에 들어가는 문은 많지만 요약해서 말하면 돈오(頓悟)와 점수(漸修)의 두 가지 문에 지나지 않는다.

　비록 돈오와 점수는 최상의 근기(根機)를 가진 사람만이 들어갈 수 있다고 하지만, 과거를 미루어보면 이미 여러 생애에 걸쳐 깨달음에 의지해 닦고 차츰 익혀왔으므로 금생에 이르러 진리를 들으면 즉시 깨닫게 되어 일시에 모든 것을 끝낸다. 하지만 사실 이것 역시 먼저 깨닫고 뒤에 닦은 근기이다.

　[마조와 남악회양간의 유명한 일화가 있다. 마조는 전법원에서 선정을 익히며 좌선을 했는데 남악회양은 마조를 일깨워주기 위해 마조 옆에서 벽돌을 갈았다. 벽돌을 갈아 거울을 만들려고 한다는 회양의 말에 마조는 벽돌을 간다고 어찌 거울이

될 수 있느냐고 말했다. 그러자 회양은 다음과 같이 답했다.

"벽돌을 간다고 거울이 될 수 없는데, 좌선으로 어찌 부처가 되겠는가. 소가 수레를 끄는데 수레가 가지 않는다면 수레를 쳐야 하는가? 소를 쳐야 하는가? 그대는 좌선을 배우는 것인가, 아니면 좌불을 배우는 것인가. 좌선을 배우는 것이라면 선이란 앉거나 눕는 것이 아니며, 좌불을 배우는 것이라면 부처는 정해진 모양새가 없는 것임을 알아야 하네. 머묾이 없는 법을 놓고 취사선택해서는 안 되네. 그대가 좌불을 한다면 이는 부처를 죽이는 것이고, 앉아 있는 모양새에 집착한다면 참된 진리에 이르지 못할 것이네."

저절로 발심하게 하고, 저절로 분심을 일으키게 하며, 저절로 막히게 해서 문득 깨어나게 만드는 것이 수행이 아닐까?

가벼운 사람이란 생각이 걸러지지 않은 채 아무 말이나 튀어나오는 대로 말하는 사람이라 할 것이다. 말과 이치가 맞지 않고 마음과 행위가 다른 사람이 되지 않아야 한다.

먼저 할 것과 나중에 할 것, 근본과 가지의 일을 구분하여 말하고 행동하여야 한다. 다른 어떤 개인의 사견에 혹하여 그런 사람의 말을 따라서도 안 된다. 마음을 닦은 사람은 스스로 자신의 길을 묵묵히 갈 수 있을 것이다.]

5. 깨달음에 의지해 닦고 차츰 익혀야

망상 사라지면 광명의 작용 생기니 깨달음에 의지해 닦고 차츰
익혀야

敦漸兩門 是千聖軌轍也
돈점양문 시천성궤철야
則從上諸聖 莫不先悟後修
즉종상제성 막불선오후수
因修乃證 所言神通變化
인수내증 소언신통변화
依悟而修 漸熏所現
의오이수 점훈소현
非謂悟時 卽發現也
비위오시 즉발현야

그러므로 이 돈오와 점수의 두 문은 모든 성인이 밟아온 길이
다. 과거의 모든 성인도 먼저 깨닫고 뒤에 닦아나갔고, 그 닦음
에 의해 증득하지 않음이 없었다.
그대가 말한 신통변화는 깨달음에 의지해서 닦고 차츰 익혀야
나타나는 것이지 깨달은 즉시 나타나는 것이 아니다.

如經云 理卽頓悟 乘悟倂消

여경운 이즉돈오 승오병소

事非頓除 因次第盡 故主峰

사비돈제 인차제진 고주봉

深明先悟後修之義曰 識氷池而全水

심명선오후수지의왈 식빙지이전수

借陽氣以鎔消 悟凡夫而卽佛

차양기이용소 오범부이즉불

資法力以薰修 氷消卽水流潤

자법력이훈수 빙소즉수유윤

方呈漑滌之功 妄盡則心靈通 應現通光

방정개척지공 망진즉심영통 응현통광

之用 是知事上神通變化

지용 시지사상신통변화

非一日之能成 乃漸薰而發現也

비일일지능성 내점훈이발현야

況事上神通 於達人分上

황사상신통 어달인분상

猶爲妖怪之事 亦是聖末邊事

유위요괴지사 역시성말변사

雖或現之 不可要用

수혹현지 불가요용

今時迷癡輩 妄謂一念悟時 卽隨現無

금시미치배 망위일념오시 즉수현무

量妙用 神通變化 若作是解
량묘용 신통변화 약작시해

所謂不知先後 亦不分本末也
소위부지선후 역불분본말야

旣不知先後本末 欲求佛道 如將方木
기부지선후본말 욕구불도 여장방목

逗圓孔也 豈非大錯 旣不知方便故
두원공야 기비대착 기부지방편고

作懸崖之想 自生退屈
작현애지상 자생퇴굴

斷佛種性者 不爲不多矣 旣自未明
단불종성자 불위불다의 기자미명

亦未信他人 有解悟處 見無神通者
역미신타인 유해오처 견무신통자

乃生輕慢 欺賢 聖 良可悲哉
내생경만 기현광성 양가비재

　경에 이르기를 "이치로는 돈오(頓悟:단번에 뛰어서 깨달음에 이르는 것)하여 깨달음과 동시에 모든 번뇌가 사라지지만 사실에 있어서는 일시에 사라지는 것이 아니라 차례차례로 없어진다."하였다.

　그러므로 규봉 스님도, 먼저 깨닫고 뒤에 닦아나가는 뜻을 분명히 밝혀 말씀하시기를 "얼어 있는 연못이 순전히 물 인줄 알지마는 햇빛을 받아야 녹고, 범부가 곧 부처인줄을 알지마는 법의 힘을 빌려서 익히고 닦아야 한다.

얼음이 녹아 물이 흘러야 바야흐로 그 물에 씻는 보람이 나타나고, 망상이 사라지면 마음이 신령하게 통하여 신통과 광명의 작용이 나타난다."하였다.

그러므로 사실상 신통변화는 하루아침에 이루어지는 것이 아니라 차츰 익히고 닦아야 나타나는 것임을 알 수 있다. 더욱이 사실상의 신통이란 깨달은 사람의 경지에서는 오히려 요사하고 괴이한 일이고 또한 성인에게도 말단의 일이라서 혹 그것이 나타나더라도 사용하지 않는다.

그런데 요즘 어리석은 무리들은 망령되이 말하기를 "한 생각 깨달으면 즉시 한량없는 묘한 작용과 신통변화를 나타낸다."하고 있다. 만약 이런 견해를 가진다면 이른바 선후를 알지 못하고 본말을 분간하지 못한다는 것이요, 이미 선후와 본말을 알지 못하고 불도를 구하려 한다면 마치 모난 나무를 가지고 둥근 구멍에 끼는 것과 같으니 어찌 큰 잘못이 아니겠는가.

이미 방편을 모르기 때문에 절벽을 바라보는 듯 한 생각을 내어 스스로 포기하여 부처의 종성(種性)을 끊는 이가 적지 않다. 이미 스스로가 밝지 못함으로써 다른 사람의 깨달음까지도 믿지 않고, 신통이 없는 이를 보고는 곧 업신여긴다. 이것은 성현을 속이는 일이니 참으로 슬프다.

[원리는 하나이다. 우주의 원리이든 삶의 원리이든 사물의 원리이든 그것은 하나이다. 이러한 원리를 단번에 깨달아야 한다. 마음의 원리를 알면 세상의 모든 원리 또한 깨달을 수 있다.

하지만 일은 천가지 만가지이다. 그러한 수많은 일에 연연하고 집착할 필요가 없다. 그 많은 일에 마음을 쫓기다 보면 고통과 괴로움에서 벗어날 수가 없다.

원리를 깨달아 수많은 일에서 자유로워야 한다. 하나의 원리를 알아 그 모든 것을 해결할 수 있어야 한다. 그것이 바로 성불의 길이다.]

6. 성품이 본래 스스로 갖추어져 있어

깨달음에 의지해 닦고 점점 익혀서 성인의 자질을 길러가는 것
이 점수

問汝言頓悟漸修兩門 千聖軌轍也
문여언돈오점수양문 천성궤철야
悟旣頓悟 何假漸修 修若漸修
오기돈오 하가점수 수약점수
何言頓悟 頓漸二義 更爲宣說
하언돈오 점수이의 갱위선설
令絶餘疑 영절여의

　스님께서는 돈오와 점수의 두 문이 모든 성인이 밟아온 길이
라 하였습니다. 깨달았다면 이미 돈오한 것인데 어째서 점점
닦아야 하며, 그 닦음이 만약 점점 닦아야 할 것이라면 어째서
돈오라고 말할 수 있습니까. 돈오와 점수의 두 가지 뜻을 다시
설명하여 남은 의심을 끊게 해주십시오.

答頓悟者 凡夫迷時 四大爲身
답돈오자 범부미시 사대위신
妄想爲心 不知自性 是眞法身
망상위심 부지자성 시진법신

망상위심 부지자성 시진법신
不知自己靈知 是眞佛也 心外覓佛
부지자기영지 시진불야 심외멱불
波波浪走 忽被善知識 指示入路
파파낭주 홀피선지식 지시입로
一念廻光 見自本性 而此性地
일념회광 견자본성 이차성지
原無煩惱 無漏智性 本自具足
원무번뇌 무루지성 본자구족
卽與諸佛 分毫不殊 故云頓悟也
즉여제불 분호불수 고운돈오야
漸修者 雖悟本性 與佛無殊
점수자 수오본성 여불무수
無始習氣 卒難頓除故 依悟而修
무시습기 졸난돈제고 의오이수
漸熏功成 長養聖胎 久久成聖
점훈공성 장양성시 구구성성
故云漸修也 比如孩子 初生之日
고운점수야 비여해자 초생지일
諸根具足 與他無異 然其力未充
제근구족 여타무이 연기력미충
頗經歲月 方始成人
파경세월 방시성인

돈오라는 것은 범부가 미혹했을 때, 사대(四大)를 몸으로 삼고 망상을 마음이라 하여 자기의 성품이 참 법신(法身)임을 알지 못하고, 자기의 신령한 지혜가 참 부처인줄을 알지 못해서 마음 밖에서 부처를 찾아 물결치듯이 흘러다니다가 갑자기 선지식의 가르침으로 바른 길로 들어가 한 생각에 심광(心光)을 돌이켜서 자기의 본성을 보면, 이 성품에는 본래 번뇌가 없고, 번뇌가 없는 지혜의 성품이 본래 스스로 갖추어져 있어서 모든 부처님과 더불어 털끝만큼도 다르지 않기 때문에 돈오라 하는 것이다.

점수라는 것은 비록 본래의 성품이 부처와 다르지 않음을 깨달았으나 오랜 세월의 습기(習氣)는 갑자기 제거하기 어려우므로 그 깨달음에 의지해 닦고 점점 익혀서 공을 이루고, 또 오랜 동안 성인의 자질을 잘 길러나가야 성인이 되는 것이므로 점수라 하는 것이다.

비유하자면 어린아이가 처음 태어났을 때 모든 기관이 갖추어져 어른과 다르지 않지만 그 힘은 충실하지 못하므로 어느 정도 세월이 지나야 비로소 성인(成人)이 되는 것과 같다."

問作何方便 一念廻機 便悟自性
문작하방편 일념회기 변오자성

어떤 방편을 써야 한 생각의 기틀을 돌려 자성(自性)을 깨달을 수 있겠습니까?

答只汝自心 更作什 方便 若作方便
답지여자심 갱작십마방편 약작방편

更求解會 比如有人 不見自眼
갱구허회 비여유인 불견자안

以謂無眼 更欲求見 既是自眼
이위무안 갱욕구견 기시자안

如何更見 若知不失 卽爲見眼
여하갱견 약지불실 즉위견안

更無求見之心 豈有不見之想
갱무구견지심 기유불견지상

自己靈知 亦復如是 既是自心
자기영지 역부여시 기시자심

오직 그대 자신의 마음인데, 다시 무슨 방편을 쓴다는 말인
가. 만약 방편을 써서 다시 알려고 한다면 그것은 마치 어떤
사람이 자신의 눈을 보지 못하고 눈이 없다고 하면서 다시 보
려고 하는 것과 같다.

이미 자신의 눈인데 어째서 다시 보려고 하는가. 만약 잃지
않았음을 알면 그것이 곧 눈을 보는 것이다. 다시 보려는 마음
이 없다면 어찌 보지 못한다는 마음이 있겠는가. 자신의 신령
스런 앎도 역시 그와 같아 이미 자신의 마음인데 어째서 알려
고 하는가.

[돈오에 대해 지눌 스님은 다음과 같이 말한다.

"돈오란 범부가 미혹했을 때 사대를 몸이라 여기고 망상을 마음이라 여겨, 자기의 성품이 참된 법신인 줄 모르고 자기의 신령한 앎이 참된 부처인 줄 몰라, 마음 밖에서 부처를 찾아 물결처럼 헤매다가 홀연히 선지식이 가리켜 보이는 가르침을 통해 바른길로 들어가 한 생각 돌이켜 자기의 본성을 보면, 이 성품에는 본래 번뇌가 없고, 무루의 지혜 성품이 본래 구족해 있어서 모든 부처님과 더불어 털끝만큼도 다르지 않기 때문에 돈오라 하는 것이다."

도에 눈을 뜨고 진리에 마음이 열린 사람의 지도를 받아 생각을 돌려야 모든 미혹과 어둠에서 벗어날 수 있다. 나의 본래의 성품에 도달하면 지혜와 덕으로 이루어진 삶을 살아갈 수 있을 것이다.

어둠 속에 있으면 불을 밝혀야 한다. 고통과 괴로움속에서 힘들 때 환한 빛으로 이를 없애야 한다. 깨달음이 이를 해결해 줄 수 있을 것이다. 나에게 주어진 삶은 오직 한 번이기에 밝은 가운데서 살아가야만 한다.]

7. 공하고 고요한 신령스런 지혜의 마음

지혜의 마음이 그대의 본래면목, 이 마음 깨친다면 삼계를 초월

何更求會 若欲求會 便會不得
하갱구회 약욕구회 변회부득
但知不會 是卽見性
단지불회 시즉견성

만약 알려고 한다면 곧 알지 못할 것이며 다만 알 수 없다는 것임을 알면 바로 견성(見性:성품을 봄)이니라.'

問上上之人 聞卽易會 中下之人
문상상지인 문즉이회 중하지인
不無疑惑 更說方便 令迷者趣入
불무의심 갱설방편 영미자취입

지혜가 뛰어난 사람은 들은 즉시 쉽게 알겠지만 중하의 사람은 의혹이 없지 않을 것이니 다시 방편을 설하여 모르는 사람들을 깨닫도록 해주십시오.

答道不屬知不知 汝除却將迷待悟之心
답도불속지부지 여제각장미대오지심

廳我言說 諸法如夢 亦如幻化
청아언설 제법여몽 역여환화

故妄念本寂 塵境本空 諸法
고망념본적 진경본공 제법

皆空之處 靈知不昧
개공지처 영지불매

卽此空寂靈知之心 是汝本來面目
즉차공적영지지심 시여본래면목

亦是三世諸佛 歷代祖師
역시삼세제불 역대조사

天下善知識 密密
천하선지식 밀밀

相傳底法印也 若悟此心
상전저법인야 약오차심

眞所謂不踐階梯 徑登佛地
진소위불천계제 경등불지

步步超三界 歸家頓絶疑
보보초삼계 귀가돈절의

便與人天爲師 悲智相資
변여인천위사 비지상자

具足二利 堪受人天供養
구족이리 감수인천공양

日消萬兩黃金 汝若如是 眞大丈夫
일소만량황금 여약여시 진대장부
一生能事 己畢矣
일생능사 기필의

　도는 알고 모르는데 속하는 것이 아니다. 그대는 어리석게도
깨닫기를 기다리는 마음을 버리고 나의 말을 잘 들어라. 모든
법은 꿈과 같고 허수아비와 같다.
　그러므로 망녕된 생각은 본래 고요하고, 진경(塵境:감각의 대
상인 객관세계. 즉 眼, 耳, 鼻, 舌, 身, 意에 비춰지는 대상인 色,
聲, 香, 味, 觸, 法을 말 함)은 본래 공한 것이다.
　모든 법이 다 공한 곳에는 신령스런 지혜가 어둡지 않으니,
이 공하고 고요한 신령스런 지혜의 마음이 바로 그대의 본래
면목(本來面目: 모든 사람이 갖추고 있는 자연 그대로의 성품
을 말함)이며, 삼세의 모든 부처님과 역대의 조사들과 천하의
선지식이 은밀하게 서로 전한 진리(法印)이다.
　만약 이 이런 마음을 깨친다면 참으로 단계를 거치지 않고
바로 부처의 경지에 올라 걸음걸음이 삼계를 초월하고 집에 돌
아가(歸家: 본래 부처인 마음자리를 뜻함) 단박에 의심을 끊을
것이다.
　그래서 인간과 천상의 스승이 되고, 대비(大悲)와 지혜가 서
로 도와 자기도 이롭고 남도 이롭게 하므로 하루에 만량의 황
금을 소비하듯이 한량없이 귀한 공양을 인간과 천상으로부터
받게 될 것이다. 그대가 만약 이와 같으면 참다운 대장부로서

일생의 할 일을 다 마쳤다 하겠다.'

問據吾分上 何者是空寂靈知之心耶
문거오분상 하자시공적영지지심야

　저의 입장에서 본다면 어떤 것이 공적(空寂)하고 신령스럽게
아는 영지(靈知)의 마음입니까?

答汝今問我者 是汝空寂靈知之心
답여금문아자 시여공적영지지심
何不返照 猶爲外覓 我今據汝分上
하불반조 유위외멱 아금거여분상
直指本心 令汝便悟 汝須淨心
직지본심 영여변오 여수정심

　그대가 지금 나에게 묻는 그것이 바로 그대의 공적하고 신령
스럽게 아는 마음이다. 어째서 돌이켜 비추지 않고 밖에서 찾
는가. 내가 지금 그대의 입장에 의거해서 바로 본래의 마음을
가리켜 그대를 깨닫게 할 것이니 그대는 마음을 깨끗이 하고
내 말을 잘 들어라.

[모든 형상이 없는 것을 공이라 하고 일어나고 멸함이 없는 것을 적이라 한다. 신령하고 밝은 것을 영이라 하고 저절로 깨침을 지라고 한다. 텅 비고 고요하여 아무것도 없는 가운데 밝고 신령스럽게 나타나는 지혜, 즉 공적영지의 마음을 가져야 한다.

정처 없이 내면에서 일어나고 있는 생각들은 허망한 것이다. 그 생각이 가는대로 내버려 두어서는 안 될 것이다. 생각을 멈추고 고요한 세계로 나의 마음을 이끌어가야 한다.

이러한 진리를 깨쳐 얻었을 때 중생의 마음을 벗어나 부처의 마음을 얻고 평안한 마음의 세계속에서 살아갈 수가 있을 것이다.

나는 오늘 어떠한 삶을 살아가게 될까? 아침에 일어나 부지런히 해야 할 일을 하겠지만, 그러한 일들이 나에게 어떠한 의미가 있는 것일까? 나는 헛된 에너지를 쓰며 오늘 하루를 또 보내게 되는 것은 아닐까? 어쩌면 나는 오늘 내가 하는 일들이 고작 먼지 정도나 일으키는 그러한 일이 될지도 모른다.

마음이 곧 부처라고 말하는 선불교는 모든 인간이 부처님의 성품을 갖고 있다는 사상에 기초하고 있다. 불성은 글자 그대로 부처님의 성품, 즉 부처님의 순수한 마음이다. 번뇌로 더럽혀진 중생의 마음도 본래는 부처님의 마음과 다르지 않다는 이론이다. 누구든지 본래의 마음을 깨닫고 실천하면 부처가 될 수 있다는 것이 선불교의 핵심이다. 따라서 불성은 곧 인간의 참마음이며 또한 본래의 성품이다.

신화와 종밀의 이론에 따라 불성 또는 진심을 '공적영지지심(空寂靈知之心)'이라고 불렀다. 즉, 중생의 본래의 마음인 진심은 일체의 번뇌와 생각이 없는 고요한(공적,空寂) 마음이고, 동시에 신묘한 앎(영지, 靈知) 내지 순수한 의식이라는 것이다.

적과 지는 불교의 전통적인 용어로는 정(定)과 혜(慧)이고, 선에서는 정과 혜가 수행을 통해 얻어지는 것이 아닌 우리의 마음이 본래 가지고 있는 성품이라고 말한다.

종밀은 공적영지지심을 깨끗하고 투명한 구슬로 비유했다. 구슬이 흠 없이 맑고 투명해서 주위의 사물을 있는 그대로 반영하듯이, 진심은 일체의 번뇌가 없는 비고 깨끗한 마음이며, 만물을 비출 수 있는 투명한 구슬같이 앎을 본성으로 가지고 있다는 것이다.

우리는 흔히 우리의 오감을 가지고 거의 대부분을 판단한다. 보고, 듣고, 냄새를 맡고, 맛을 보고, 촉감을 느끼고, 생각을 하며, 그것으로 모든 것의 판단의 전부로 삼는다. 우리의 감각과 지각으로 대상을 분별하며, 옳고 그름을 따질 뿐이다. 하지만 그러한 것들의 더욱 근본적인 바탕이나 원천에 대해서는 별로 관심이 없다. 이로 인해 우리 마음의 진심을 스스로 외면하고 있는지도 모른다.

원효대사는 마음의 원천에 대해 외면하는 대부분의 사람들에 대해 다음과 같은 말을 했다. "뭇 생명 있는 자들의 감각적 심리적 기관은 본래 하나인 마음에서 생겨난 것이지만, 그것들은 그 근원을 배반하고 뿔뿔이 흩어져 부산한 먼지를 피우기에 이르렀다."

내가 하는 오늘의 모든 일들이 겨우 부산한 먼지를 피하기 위한 것은 아닌 것일까? 그러지 않기 위해 나는 어떻게 나 자신을 알아가야 하는 것일까?

누군가가 지눌 대사에게 자신의 성품을 어떻게 볼 수 있는지 묻자 지눌은 다음과 같이 답했다.

"단지 그대 자신의 마음인데, 다시 무슨 방편이 있겠는가? 만약 방편을 사용해서 다시 알기를 구한다면, 마치 어떤 사람이 자기 눈을 볼 수 없기 때문에 눈이 없다고 하면서 눈을 보려는 것과 마찬가지다. 이미 자기 눈인데 다시 어떻게 보겠는가? 만약 눈을 잃은 것이 아님을 알면 즉시 눈을 보는 것이 되어 다시 보려는 마음이 없을 것이니, 어찌 보지 못한다는 생각이 있겠는가? 자기의 신령한 앎(영지) 역시 이와 같다. 이미 자신의 마음인데 무엇을 다시 알기를 구하겠는가? 만약 알기를 구한다면 얻을 수 없음을 알아라. 단지 알 수 없음을 알면 그것이 곧 자기 성품을 보는 것이다."

우리의 마음속에 일어나는 생각 중에는 '나'라는 생각이 가장 먼저 일어나는 경우가 대부분이다. 다른 생각들은 사실 나라는 생각 이후에 일어난다. 어쩌면 나의 마음에서 처음에 일어나는 '나'라는 생각은 거짓된 나의 모습일지 모른다. 이러한 거짓된 나를 제거한 후 우리는 참나를 만나게 될지 모른다. 그러한 참나는 결코 부산한 먼지를 피우지는 않을 것이다.]

8. 성품은 밝고 밝아 일체의 분별도 없다

보고 듣고 말하고 동작하는 것은 그대의 본심이지 육신이 아니다.

聽我言說 從朝至暮 十二時中
청아언설 종조지모 십이시중
或見或聞 或笑或語 或瞋或喜
혹견혹문 혹소혹어 혹진혹희
或是或非 種種施爲運轉 且道畢
혹시혹비 종종시위운전 차도필
竟是誰 能伊 運轉施爲耶
경시수 능이마운전시위야
若言色身運轉 何故有人 一念命終
약언색신운전 하고유인 일념명종
都未壞爛 卽眼不自見 耳不能聞
도미괴란 즉안부자견 이불능문
鼻不辨香 舌不談論 身不動搖
비불변향 설부담론 신부동요
手不執捉 足不運奔耶
수불집착 족불운분야
是知能見搏作 必是汝本心

시지능견문동작 필시여본심
不是汝色身也
불시여색신야

況此色身 四大性空 如鏡中像
황차색신 사대성공 여경중상
亦如水月 豈能了了常知 明明不昧
역여본심 기능요요상지 명명불매
感而遂通恒沙妙用也 故云神通
감이수통항사묘용야 고운신통
幷妙用 運水及搬柴
병묘용 운수급반시

　아침부터 저녁까지 하루 종일 보고, 듣고, 웃고, 말하며, 혹은
성내거나 기뻐하거나 또는 옳다, 그르다 하는 갖가지의 행위와
동작은 필경 누가 그렇게 하게 하는가를 말해보라.
　만약 육신이 동작하게 한다면, 어째서 금방 명이 끊어진 사
람의 몸은 아직 썩지 않았는데도 눈은 보지 못하고, 귀는 듣지
못하고, 코는 냄새를 맡지 못하고, 혀는 말을 하지 못하고, 몸은
움직이지 못하고, 손은 잡지 못하고, 발은 걷지 못하는가?
　이러므로 보고, 듣고, 동작하는 것은 반드시 그대의 본심이지
그대의 육신이 아님을 알 수 있다. 더구나 이 육신을 이루고
있는 사대(四大: 地,水,火,風)의 성품은 비어서 거울 속의 형상
과 같고 물속의 달과 같은데, 어떻게 항상 뚜렷이 알고, 분명하

고 어둡지 않아 갠지스강의 모래 수같이 한량없는 묘한 작용을
일으킬 수 있겠느냐. 그러므로 '신통과 묘한 작용은 물을 긷고,
나무를 운반하는데 있다.'하였다. 즉 물을 긷고 나무를 나르는
일상의 생활을 뜻한다.

且入理多端 指汝一門 令汝還源
차입리다단 지여일문 영여환원
汝還聞鴉鳴鵲 之聲 曰聞
여환문아명작조지성마 왈문
曰汝返聞汝聞性 還有許多聲 曰
왈여반문여문성 환유허다성마 왈
到這裏 一切聲一切分別 俱不可得
도저리 일체성일체분별 구불가득
曰奇哉奇哉 此是觀音入理之門
왈기재기재 차시관음입리지문
我更問爾 爾道到這裏 一切聲
아갱문이 이도도저리 일체성
一切分別 總不可得 旣不可得
일체분별 총불가득 기불가득
當伊 時 莫是虛空 曰元來不空
당이마시 막시허공마 왈원래불공
明明不昧 曰作 生 是不空之體
명명불매 왈작마생 시불공지체
曰亦無相貌 言之不可及

왈역무상모 언지불가급

曰此是諸佛諸祖壽命 更莫疑也

왈차시제불제조수명 갱막의야

   그리고 진리에 들어가는 길은 많지만 그대에게 한 길을 가리켜서 그대의 근원으로 돌아가게 하리라.

"그대는 저 까마귀 우는 소리와 까치가 지저귀는 소리를 듣는가?"

"예 듣습니다."

"그대는 돌이켜서 그대가 듣고 있다는 성품을 들어 보아라. 거기에도 많은 소리가 있는가?"

"거기에는 일체의 소리와 일체의 분별도 없습니다."

"기특하고 기특하구나. 이것이 바로 관음보살이 진리에 들어간 문이다.

내가 다시 그대에게 묻는다. 그대는 거기에 일체의 소리와 일체의 분별도 얻을 수 없다고 하였다.

이미 아무 것도 얻을 수 없다면 그러한 때는 허공과 같은 것이 아니겠는가."

"원래 공하지 않아서 밝고 밝아 어둡지가 않습니다."

"그러면 어떤 것이 공하지 않은 것의 본체인가?"

"형상이 없으므로 말로 표현할 수 없습니다."

"그것이 모든 부처님과 조사들의 생명이니 다시는 의심하지 말라."

[진리에 이르는 길은 많을 수 있다. 중요한 것은 한 길이라도 그 길로 가서 진리에 이르는 것이다. 진리에 이르고 나서는 분별이 생기지도 않는다. 그곳에 이르렀기 때문이다.

진리에 이르렀다면 더 이상 의심할 필요가 없다. 나 자신이 모든 고통과 괴로움에서 벗어나 진정한 대자유인으로서 살아갈 수 있기 때문이다.]

9. 지혜로써 공들이고 노력하지 않는다면

어째서 깨친 뒤에도 점차로 닦습니까? 무명의 습 갑자기 없앨 수 없기 때문이니라.

故云在聖智而不輝 隱凡心而不昧
고운재성지이불휘 은범심이불매
旣不增於聖 不少於凡
기부증어성 불소어범
佛祖奚以異於人 而所以異於人者
불조해이이어인 이소이이어인자
能自護心念耳 汝若信得及
능자호심념이 여약신득급
疑情頓息 出丈夫之志 發眞正見解
의정돈식 출장부지지 발진정견해
親嘗其味 自到自肯之地
친상기미 자도자긍지지
則是爲修心人 解悟處也
즉시위수심인 해오처야
更無階級次第 故云頓也
갱무계급차제 고운돈야
如云於信因中 契諸佛果德

여운어신인중 계제불과덕
分毫不殊 方成信也
분호불수 방성신야

그러므로 '성인의 지혜라고 해서 빛나는 것도 아니고 범부의 마음에 숨어 있다고 해서 어둡지 않다'하였다. 이미 성인이라 해서 불어나는 것도 아니오, 범부라 해서 줄어드는 것이 아니라면 부처나 조사들이 어찌 보통 사람과 다르겠는가. 그러나 보통 사람과 다른 것은 자기 마음을 잘 보호하는 것뿐이다. 그대가 만약 이 말을 믿어서 의심이 담박 없어지고 대장부의 뜻을 내어 참되고 바른 견해를 일으켜서 직접 그 맛을 보고 스스로 긍정하는 경지에 이른다면, 이것이 바로 마음을 닦는 사람의 깨달은 자리가 되는 것이다. 여기에는 계급이나 차례가 없으므로 돈(頓:문득, 또는 담박이라는 뜻)이라 한다. 이것은 '믿음의 요인이 모든 부처의 과덕(果德:최상의 결실로 얻어지는 덕)과 일치하여 조금의 차이도 없어야 비로소 믿음을 성취할 수 있다.'고 한 말과 같다.

問旣悟此理 更無階級
문기오차리 갱무계급
何假後修 漸熏漸成耶
하가후수 점훈점성야

이미 이런 이치를 깨달아서 다시는 계급이 없다면 어째서 깨친 뒤에도 닦아서 점차로 익히고 점차로 이루려고 합니까?

答悟後漸修之義 前已具說
답오후점수지의 전이구설
而復疑情未釋 不妨重說
이부의정미석 불방중설
汝須淨心 諦聽諦聽 凡夫
여수정심 체청체청 범부
無始曠大劫來 至於今日
무시광대겁래 지어금일
流轉五道 生來死去 堅執我相
유전오도 생래사거 견집아상
妄想顚倒 無明種習 久與成性
망상전도 무명종습 구여성성
雖到今生 頓悟自性 本來空寂
수도금생 돈오자성 본래공적
與佛無殊 而此舊習
여불무수 이차구습
卒難除斷 故 逢逆順境 瞋喜是非
졸난제단 고 봉역순경 진희시비
熾然起減 客塵煩惱 與前無異
치연기감 객진번뇌 여전무이
若不以般若 加功着力
약불이반야 가공착력

焉能對治無明
언능대치무명

깨달은 뒤에 점차로 닦아야 하는 뜻은 앞에서 이미 말했다. 그러나 의심을 풀지 못했으니 거듭 설명하겠다. 그대는 마음을 깨끗이 하고 자세히 들으라. 범부는 시작이 없는 아득한 옛날부터 지금까지 다섯 갈래의 세계(五道)에 흘러 다니며 태어나고 죽고 하되, '나'라는 생각에 굳게 집착하여 뒤바뀐 망상(妄想顚到 : 현재의 번뇌)과 무명의 습기(無明種習 : 근본 번뇌)가 오랫동안 지금의 성품을 이루었다.

비록 금생에 이르러 자신의 성품이 본래 공적(空寂)하여 부처와 다름이 없음을 금방 깨달았다 하더라도 오랫동안 익혀온 습성은 갑자기 없애기가 어렵기 때문에 역경이나 순경을 만나면 성내거나 기뻐하며, 옳다, 그르다 하는 생각이 불처럼 일어났다 없어졌다 하여, 객관 세계에 대한 번뇌가 그전과 다름이 없다. 그러므로 만약 지혜로써 공들이고 노력하지 않는다면 어떻게 이 무명을 다스려 크게 쉬는 경지에 이를 수 있겠는가.

[모든 상이 없음을 공이라 하고 일어나고 소멸함이 없음을 적이라 한다. 모든 상을 없애고 있음과 없음에도 연연하지 말아야 한다.

크고 작음, 안과 밖, 멀고 가까움, 저것과 이것, 가고 옴, 나고 죽음. 예와 지금, 범부와 성인, 더러움과 깨끗함, 옳고 그

름, 이러한 모든 것에서 자유로워야 한다.]

10. 깨달은 뒤에 소먹이는 행

마음마다 미혹을 끊으려 하지만 끊으려는 마음이 바로 도적이
다.

得到大休大歇之地 如云頓悟雖同佛
득도대휴대헐지지 여운돈오수동불
多生習氣深 風停波尙湧 理現念猶侵
다생습기심 풍정파상용 이현념유침

　이것은 '단박 깨치면 부처와 같지만 여러 생의 습기가 깊구
나. 바람은 그쳤으나 물결은 아직 출렁이고, 이치는 나타났으나
망념은 엄습한다.' 하는 말과 같다.

又고禪師云 往往利根之輩 不費多力
우고선사운 왕왕이근지배 불비다력
投發此事 便生容易之心 更不修治
투발차사 변생용이지심 갱불수치
日久月深 依前流浪 未免輪廻
일구월심 의전유랑 미면윤회
則豈可以一期所悟 便撥置後修耶
즉기가이일기소오 변발치후수야

61

故悟後　長須照察　妄念忽起　都不隨之

고오후 장수조찰 망념홀기 도불수지

損之又損　以至無爲　方始究境

손지우손 이지무위 방시구경

天下善知識　悟後牧牛行是也

천하선지식 오후목우행시야

雖有後修　己先頓悟妄念本空

수유후수 기선돈오망념본공

心性本淨　於惡斷　斷而無斷　於善修

심성본정 어악단 단이무단 어선수

修而無修　此乃眞修眞斷矣

수이무수 차내진수진단의

또 대혜 종고(宗杲)선사도 '가끔 영리한 무리들은 별로 힘들이지 않고 이런 이치를 알고는 아주 쉽다는 생각을 내어 다시는 닦지 않는다. 그대로 세월이 가면 그전처럼 유랑하게 되어 윤회를 면치 못하게 된다.'하였다.

그러니 어찌 한번 깨쳤다 하여 뒤에 닦는 일을 버릴 수 있겠는가. 그러므로 깨친 뒤에도 늘 비추고 살펴서 망념이 홀연히 일어나거든 따르지 말고, 덜고 또 덜어서 무위에 이르러야 비로소 구경(究境)이니, 천하의 선지식이 깨달은 뒤에 소먹이는 행이 바로 이 때문이다.

비록 뒤에 닦는다고는 하지만 이미 망념이 본래 공하고 심성은 본래 청정한 것임을 먼저 깨쳤기 때문에 악을 끊되, 끊어도

끊음이 없고, 선을 닦되, 닦아도 닦음이 없어야 이것이 참다운
닦음이고 참다운 끊음이 되는 것이다.

故云雖備修萬行 唯以無念爲宗
고운수비수만행 유이무념위종
圭峰總判先悟後修之義云 頓悟此性
규봉총판선오후수지의운 돈오차성
元無煩惱 無漏智性 本自具足
원무번뇌 무루지성 본자구족
與佛無殊 依此而修者 是名最上乘禪
여불무수 의차이수자 시명최상승선
亦名如來淸淨禪也 若能念念修習
역명여래청정선야 약능염염수습
自然漸得百千三昧 達磨門下
자연점득백천삼매 달마문하
展轉相傳者 是此禪也
전전상전자 시차선야
則頓悟漸修之義 如車二輪 闕一不可
즉돈오점수지의 여거이륜 궐일불가

　그러므로 "온갖 행을 다 닦으나 오직 무념으로 근본을 삼는
다."라고 하였다. 규봉 스님도 먼저 깨닫고 뒤에 닦는 뜻을 총
괄하여 말하기를 '이 성품은 원래 번뇌가 없고 완전한 지혜와
성품이 본래 갖추어져 부처와 다름이 없음을 담박 깨닫고, 이

깨침에 의해 수행하면 이것을 일러 최상승선(最上乘禪), 또는 여래청정선이라 한다.

만약 생각 생각에 닦고 익히면 저절로 차츰 차츰 백천삼매를 얻을 것이니, 달마 문하에서 서로 전하여 내려온 것이 바로 이런 선(禪)이라 하였다. 그러므로 돈오(頓悟)와 점수(漸修)의 이치는 마치 수레의 두 바퀴와 같아서 하나라도 없으면 안 된다.

或者 不知善惡性空 堅坐不動
혹자 부지선악성공 견좌부동
捺伏身心 如石壓草 以爲修心
날복신심 여격압초 이위수심
是大惑矣 故云聲聞 心心斷惑 能斷
시대혹의 고운성문 심심단혹 능단
之心是賊
지심시적

혹 어떤 사람은 선과 악의 성품이 빈 것임을 알지 못하고 굳게 앉아 움직이지 않으면서 몸과 마음을 조복받기를 마치 돌로 풀을 누르듯 하면서 마음을 닦는다고 하는데, 이는 크게 잘못된 것이다. 그러므로 "성문은 마음마다 미혹을 끊으려 하지만 그 끊으려는 마음이 바로 도적이다."라고 하였다.

[깨달은 뒤에 닦음이라야 참된 닦음이 될 수 있다. 깨치지 않고 닦는 것은 참 닦음이 아니다. 그러기에 우선 깨달을 수 있는 길을 가야 한다.

깨닫기 위해서는 망념이 없이 마음을 비우고 나의 마음이 본래 깨끗하다는 것을 확실히 인식해야 한다. 우리가 본래 번뇌가 없고 마음 그대로가 부처와 다름이 없다는 사실을 마음 깊이 인식해야 한다.]

11. 생각이 일어나거든 곧 깨달아라.

생각이 일어남을 두려워 말고 깨달음이 늦을까를 두려워하라.

但諦觀殺盜狀妄 從性而起 起卽無起
단체관살도음망 종성이기 기즉무기

 다만 살생하고 도적질하고 음행하고 거짓말하는 것이 성품으로부터 일어난 것임을 자세히 관조한다면 일어남이 곧 일어남이 없는 것이다.

當處便寂 何須更斷 所以云
당처변적 하수갱단 소이운
不怕念起 唯恐覺遲
불파념기 유공각지
又云念起卽覺 覺之卽無 故悟人分上
우운염기즉각 각지즉무 고오인분상
雖有客塵煩惱 俱成醍 但照惑無本
수유객진번뇌 구성제호 단조혹무본
空華三界 如風卷煙
공화삼계 여풍권연
幻化六塵 如湯消氷

환화육진 여탕소빙

若能如是念念修習 不忘照顧

약능여시염념수습 불망조고

定慧等持 則愛惡自然淡薄

정혜등지 즉애오자연담박

悲智自然增明 辜業

비지자연증명 고업

自然斷除 功行自然增進 煩惱盡時

자연단죄 공행자연증진 번뇌진시

生死卽絶 若微細流注永斷

생사즉절 약미세유주영단

圓覺大智朗然獨存 卽現千百億化身

원각대지낭연독존 즉현천백억화신

於十方國中 赴感應機 似月現九

어시방국중 부감응기 사월현구

影分萬水 應用無窮 度有緣衆生

영분만수 응용무궁 도유연중생

快樂無憂 名之爲大覺世尊

쾌락무우 명지위대각세존

　본 바탕이 고요한데 무엇을 다시 끊을 것인가. 그러므로 "생각이 일어남을 두려워말고 다만 깨달음이 늦을까를 두려워하라."라 하였고 또 "생각이 일어나거 던 곧 깨달아라. 깨달으면 곧 없어진다."고 하였다.

그러므로 깨친 사람의 입장에서는 비록 객관 세계에 대한 번뇌가 있다 해도 그것은 다 제호(醍 :우유를 정제하여 만든 맛있는 음식. 여기서는 부처의 성품에 비유했음)를 이룬다.

다만 미혹이란 근본이 없는 것임을 관조하여 알면 허공의 꽃처럼 실체가 없는 삼계(三界)는 바람에 사라지는 연기와 같고, 허수아비와 같은 객관 세계는 마치 끓는 물에 녹는 얼음과 같을 것이다.

만일 이처럼 생각 생각에 닦고 익히며, 마음을 관조하기를 잊지 않고, 선정과 지혜를 평등하게 가지면 곧 사랑하고 미워하는 마음이 자연히 없어지고 자비와 지혜가 자연히 밝게 드러날 것이다.

죄업이 자연히 없어지고, 공덕이 절로 늘어나서 번뇌가 다할 때에는 생사도 끊어질 것이다. 만약 미세한 번뇌의 흐름도 영원히 끊어져서 원만히 깨달은 지혜가 홀로 밝게 드러나면 곧 천 백억 화신을 나타내되 시방세계 중생들의 근기에 감응하게 되니, 그것은 마치 하늘에 높이 뜬 달이 모든 물에 두루 나타나는 것과 같다. 이처럼 응용이 무궁하여 인연 있는 중생을 제도하고, 즐거움만 있고 근심이 없으리니, 이를 일러 크게 깨친 세존이라 한다."

問後修門中 定慧等持之義 實未明了
문후수문중 정혜등지지의 실미명료
更爲宣說 委示開迷 引入解脫之門

갱위선설 위시개미 인입해탈지문

깨친 뒤에 닦아나가는 문중에서는 선정과 지혜를 동등히 가진다는 뜻은 아직 잘 모르겠습니다. 다시 자세히 말씀하시어 미혹을 없애고 해탈의 문에 들게 해 주십시오.

答若說法義 入理千門 莫非定慧
답약설법의 입리천문 막비정혜
取其綱要則但自性上 體用二義
취기강요즉단자성상 체용이의
前所謂空寂靈知是也
전소위공적영지시야
定是體慧是用也
정시체혜시용야

만약 법과 그 뜻을 말한다면, 진리에 들어가는 천 가지 문은 선정과 지혜 아님이 없다. 그 요강을 든다면, 단지 자기 성품의 본체와 작용의 두 가지 뜻이니, 앞에서 말한 비고 고요함과 신령스럽게 아는 것이 그것이다. 선정은 곧 본체요 지혜는 작용이다.

[깨달음을 얻은 뒤에 하는 수행은 끊어도 끊어야 할 대상이 없고 닦아도 닦아야 할 대상이 없는 것이라 할 수 있다. 대부

분의 경우 선과 악, 번뇌와 보리, 현상과 실체, 중생과 부처
등, 근본 바탕에서는 텅 비어 있다는 것을 모르고 움직이지 않
음으로써 몸과 마음을 이기려 하는데 이것은 한때의 방법은 될
수 있어도 근본적인 해결책은 될 수 없다. 이와같이 일시적으
로 몸과 마음을 닦는 것은 참 닦음이라 할 수 없다. 따라서 끊
으려는 마음이 오히려 진정한 닦음에 있어 방해가 될 수 있
다.]

12. 악을 끊거나 선을 닦는다는 것도 없다

마음에 산란함 없는 것이 선정, 마음이 어리석지 않음이 지혜이다.

卽體之用故 慧不離定 卽用之體故
즉체지용고 혜불리정 즉용지체고
定不離慧 定則慧故 寂而常知
정불리혜 정즉혜고 적이상지
慧則定故 知而常寂如
혜즉정혜 지이상적여
曹溪云 心地無亂自性定
조계운 심지무란자성정
心地無癡自性慧
심지무치자성혜

  그래서 본체를 떠나지 않는 작용이므로 지혜는 선정을 떠나지 않았고, 작용을 떠나지 않은 본체이므로 선정은 지혜를 떠나지 않았다.
  따라서 선정은 곧 지혜이므로 고요하면서도 항상 아는 것이고, 지혜는 곧 선정이므로 알면서도 항상 고요한 것이다. 그래서 조계스님이 '마음에 산란함이 없는 것이 자기 성품의 선정

이요, 마음이 어리석지 않음이 자기 성품의 지혜이다.'한 말과
같다.

若悟如是 任運寂知 遮照無二
약오여시 임운적지 차조무이
則是爲頓門箇者 雙修定慧也
즉시위돈문개자 쌍수정혜야
若言先以寂寂 治於緣慮 後以惺惺
약언선이적적 치어연여 후이성성
治於昏住 先後對治 均調昏亂
치어혼주 선후대치 균조혼란
以入於靜者 是爲漸門劣機所行也
이입어정자 시위점문열기소행야
雖云惺寂等持 未免取靜爲行則
수운성적등지 미면취정위행즉
豈爲了事人 不離本寂本知
기위요사인 불리본적본지
任運雙修者也 故曹溪云 自悟修行
임운쌍수자야 고조계운 자오수행
不在於諍 若諍先後 卽是迷人
부재어쟁 약쟁선후 즉시미인

만약 이처럼 깨달아서 고요함과 아는 것에 자유로워서 선정
(遮)과 지혜(照)가 둘이 아니게 된다면 이것이 곧 돈문에 들어

간 뛰어난 사람이 선정과 지혜를 아울러 닦는 것이 된다.

그러나 만일 고요함으로써 반연하는 생각들을 다스리고 그 다음에 깨어있는 정신으로 혼미함을 다스려야 한다고 하면서, 선후를 따라 다스려 혼미함과 산란함을 가라앉혀 고요함에 들어가는 사람은 점문의 열등한 근기의 수행이다.

그는 비록 깨어있음과 고요함을 평등하게 한다고 하지만 고요함만을 취하는 수행을 면하지 못하니, 어찌 깨달은 사람이 본래의 고요함과 본래의 앎을 떠나지 않고 자유롭게 두 가지를 함께 닦는 것이라 하겠는가.

그러므로 조계스님은 '스스로가 깨쳐서 수행하는 것은 따지는 데 있지 않다. 만약 선후를 따지면 그는 미혹된 사람이다.' 하였다.

則達人分上 定慧等持之義 不落功用
즉달인분상 정혜등지지의 불락공용
元自無爲 更無特地時節 見色聞聲時
원자무위 갱무특지시절 견색문성시
但伊 着衣喫飯時
단이마 착의끽반시
但伊 屎送尿時 但伊
단이마 아시송뇨시 단이마
對人接話時 但伊 乃至行住坐臥
대인접화시 단이마 내지행주좌와
或語或默 或喜或怒 一切時中一

혹어혹묵 혹희혹노 일체시중일

一如是 似虛舟駕浪 隨高隨下

일여시 사허주가랑 수고수하

如流水轉山 遇曲遇直 而心心無知

여류수전산 우곡우직 이심심무지

今日騰騰任運 明日任運騰騰

금일등등임운 명일임운등등

隨順衆緣 無障無碍

수순중연 무장무애

於善於惡 不斷不受

어선어악 부단불수

　그러므로 깨친 사람의 경지에서 선정과 지혜를 평등하게 가진다는 뜻은 애써 노력하는 것도 아니고, 원래 무위라서 어떤 특별한 때도 없다.

　즉 빛을 보고 소리를 들을 때에도 그러하고, 옷 입고 밥 먹을 때에도 그러하고, 똥 누고 오줌 눌 때에도 그러하고, 남과 이야기할 때에도 그러하고, 내지 걷거나 서 있거나 앉거나 눕거나 말하거나 침묵하거나, 혹은 기뻐하거나 성내거나, 언제든지 항상 그러하다.

　마치 빈 배가 물결을 따라 올랐다 내렸다 하고, 흐르는 물이 산을 돌이니갈 때 굽이돌아 가기도 하고 바로 흘러가기도 하듯이 마음 마음이 알음알이가 없는 것이다.

　그리하여 오늘도 무심하여 자유롭고, 내일도 무심하여 자유

로워서 온갖 반연을 따라도 아무런 장애가 없고, 악을 끊거나
선을 닦는다는 생각도 없다.

　[선정과 지혜를 균등하게 닦아가는 것이 중요하다. 수행은
언제나 깨달음을 기본으로 하는 것이고 선정과 지혜를 함께 닦
아가고 선정과 지혜를 균등하게 해야 성불의 길에 이를 수 있
다.
　마음에 그름이 없어야 하고, 마음에 어리석음이 없어야 하고
마음에 어지러움이 없어야 부처의 마음에 다다를 수 있다.]

13. 걸림 없는 자유인

선악의 경계에서 동요하는 이는 반연을 잊고 없애는 공부하라.

質直無僞 視聽尋常 則絶一塵而作對
질직무위 시청심상 즉절일진이작대
何勞遣蕩之功無
하로견탕지공무
一念而生情 不假忘緣之力
일념이생정 불가망연지력

　또한 순박 솔직하고 거짓이 없으며, 보고 들음에 무심하여 한 티끌도 상대하는 것이 없으니, 어찌 번뇌를 버리려는 노력이 필요하겠으며, 한 생각의 망령된 감정도 일어남이 없으니 반연을 잊으려 힘쓸 필요도 없다.

然障濃習重 觀劣心浮 無明之力大
연장농습중 관열심부 무명지력대
般若之力小 於善惡境界
반야지력소 어선악경계
未免被動靜互換 心不 淡者 不無忘
미면피동정호환 심불염담자 불무망

緣遣蕩功夫矣 如云六根攝境

연견탕공부의 여운육근섭경

心不隨緣 謂之定 心境俱空

심불수령 위지정 심경구공

照鑑無惑 謂之慧

조감무혹 위지혜

此雖隨相門定慧漸

차수수상문정혜점

門劣機所行也 對治門中 不可無也

문열기소행야 대치문중 불가무야

若掉擧熾盛 則先以定門 稱理攝散

약도거치성 즉선이정문 칭리섭산

心不隨緣 契乎本寂 若昏

심불수연 계호본연 약혼

沈尤多 則次以慧門 擇法觀空

침우다 즉차이혜문 택법관공

照鑑無惑 契乎本知 以定治乎亂想

조감무혹 계호본지 이정치호난상

以慧治乎無記 動靜相亡 對治

이혜치호무기 동정상망 대치

功終 則對境而念念歸宗 遇緣而心心

공종 즉대경이염염귀종 우연이심심

契道 任運雙修 方爲無事人

계도 임운쌍수 방위무사인

若如是則眞可謂定慧等持 明見
약여시즉진가위정혜등지 명견
佛性者也 불성자야

 그러나 업의 장애는 두텁고 습기는 무거우며, 관행(觀行)은
약하고 마음은 들떠서, 무명의 힘은 크고 지혜의 힘은 적으며,
선악의 경계에서는 마음이 동요하기도 하고 고요하기도 하여
담담하지 못한 사람은 반연을 잊고 없애는 공부를 해야 한다.
 그러므로 '육근이 경계를 대해도 마음이 반연을 따르지 않는
것을 선정(禪定)이라 하고 마음과 경계가 함께 공해서 미혹됨
이 없음을 비추어 아는 것을 지혜라 한다.
 이것은 비록 수상문(隨相門:경계에 따라 순차적으로 마음을
고요하게 하는 공부)의 선정과 지혜이고, 점문(漸門)의 열등한
근기의 수행이라지만 경계에 따라 다스려야 하는 사람으로서는
없을 수가 없다.
 만약 망상이 들끓거든 먼저 선정의 이치대로 산란한 마음을
거두어서, 마음이 반연을 따르지 않고 본래의 고요함에 계합하
게 하며, 만약 혼침이 더욱 많으면 이젠 지혜로써 법에 따라
공(空)함을 관조하여 미혹됨이 없음을 비추어서 본래의 앎에
계합하도록 해야 한다.
 이렇게 선정으로써 어지러운 생각을 다스리고 지혜로써 멍청
함(無記)을 다스려서 동요함도 고요함도 서로 없어지고, 경계에
따라 다스려야 하는 노력도 없어지면, 경계에 대하여 생각 생
각이 근본으로 돌아가고 반연을 만나도 마음 마음이 도에 계합

하는 등 마음대로 안팎을 닦아 나가야 비로소 걸림 없는 자유인이 될 것이다. 만약 이렇게 하면 참으로 선정과 지혜를 평등하게 가져 불성을 밝게 본 사람이라 할 수 있다.'한 말과 같다."

問據汝所判 悟後修門中
문거여소판 오후수문중
定慧等持之義 有二種
정혜등지지의 유이종
一自性定慧 二隨相定慧
일자성정혜 이수상정혜

　스님의 말씀대로, 깨친 뒤에 닦는 방법을 보면, 선정과 지혜를 평등하게 가진다는 말에는 두 가지 뜻이 있습니다. 첫째는 자기 성품의 선정과 지혜이고, 둘째는 상(相)을 따르는 선정과 지혜입니다.

[수행자에게는 두 가지 종류가 있다고 한다. 하나는 업장이 두텁고 습기가 무거우며 마음이 들뜬 사람이여, 둘째는 무명은 크고 반야의 지혜는 적어 선과 악의 경계에 말려들어 마음이 밝지 못한 사람이다. 이 두 부류의 사람들은 적당한 방법과 올바른 길을 선택하여 선정을 익혀가고 지혜를 밝혀가는 수행을 하여야 부처의 마음에 이를 수 있을 것이다.]

14. 한 생각의 망령된 정(情)도 일어남.

돈문과 점문의 선정과 지혜 다른데 어떻게 한꺼번에 수행할 수
있는 것인가?

自性門則曰 任運寂知
자성문즉왈 임운적지
元自無爲 絶一塵而作對
원자무위 절일진이작대
何勞遣蕩之功 無一念而生情
하로견탕지공 무일념이생정
不假忘緣之力 判云此是頓門箇者
불가망연지공 판운차시돈문개자
不離自性 定慧等持也
불리자성 정혜등지야
隨相門則曰
수상문즉왈
稱理攝散 擇法觀空
칭리섭산 택법관공
均調昏亂 以入無爲
균조혼란 이입무위
判云此是漸門劣機所行也

판운차시점문열기소행야
就此兩門定慧　不無疑焉
취차양문정혜　불무의언
若言一人所行也　爲復先依自性門
약언일인소행야　위부선의자성문
定慧雙修然後
정혜쌍수연후
更用隨相門對治之功耶
갱용수상문대치지공야
爲復先依隨相門　均調昏亂然後
위부선의수상문　균조혼란연후
以入自性門也
이입자성문야

　"자기 성품이란 걸림 없는 고요함과 아는 것이 원래 무위여서 하나의 티끌도 상대함이 없으니 어찌 번뇌를 없애려는 노력이 필요하겠으며, 한 생각의 망령된 정(情)도 일어남이 없으니 반연을 잊으려 힘쓸 필요도 없다."라 하고는 결론짓기를 이것이 담박에 깨닫는 문(頓門)에 들어간 사람이 자기 성품을 떠나지 않고 선정과 지혜를 평등하게 가지는 것이라고 하였습니다.
　그리고 상을 따르는 문(隨相門)은 "이치에 따라 산란한 마음을 거두어 법에 따라 공을 관조하여 혼침과 산란을 고루 다스려서 무위에 들어간다."라 하고 결론 짓기를 "이것은 점문의 열등한 근기의 수행이다."라 하셨습니다.

그러나 이 두 가지 문의 선정과 지혜에 대해서 의심이 없지 않습니다. 말하자면 어떤 사람이 수행함에 있어서 먼저 자기 성품의 선정과 지혜를 고루 닦은 뒤에 다시 수상문, 즉 상(相)을 따르는 방법으로 경계를 다스려 나가야 합니까? 아니면 먼저 상을 따르는 공부로써 혼침과 산란을 고루 다스린 뒤에 자기 성품의 문으로 들어가야 합니까?

若先依自性定慧則任運寂知
약선의자성정혜즉임운적지
更無對治之功 갱무대치지공
何須更取隨相門定慧耶
하수갱취수상문정혜야
如將皓玉 彫文喪德 若先以隨
여장호옥 조문상덕 약선이수
相門定慧 對治功成然後
상문정혜 대치공성연후
趣於自性門則宛是漸門中劣機
취어자성문즉완시점문중열기
悟前漸熏也 豈云頓門箇者
오전점훈야 기운돈문개자
先悟後修 用無功之功也
선오후수 용무공지공야
若一時無前後則二門定慧
약일시무전후즉이문정혜

頓漸有異　如何一時竝行也
돈점유이　여하일시병행야

　만약 먼저 자기 성품의 선정과 지혜에 의지한다면 고요함과
아는 것이 자재하여 다시 대상에 따라 다스려야 하는 공력이
없을 텐데 어째서 수상문, 즉 상을 따르는 선정과 지혜가 필요
합니까. 그것은 마치 흰 옥에 무늬를 새김으로써 본바탕을 잃
어버리는 것과 같습니다.

　그리고 만약 먼저 상을 따르는 방법으로 선정과 지혜를 얻어
서 대상에 따라 다스리는 공부를 완성한 뒤에 자기 성품의 문
으로 나아간다면 그것은 점차로 수행하는 열등한 근기가 깨닫
기 이전의 점차로 닦아나가는 공부이니, 어째서 돈문(頓門)의
사람이 먼저 깨닫고 뒤에 닦아나가되 노력 없는 노력을 쓰는
것이라 하겠습니까. 만약 전후가 없이 동시에 이루어진다면, 돈
문과 점문의 두 가지 문의 선정과 지혜가 다른데 어떻게 한꺼
번에 수행할 수 있다는 것입니까.

　[수행하는 사람은 자기 성품으로 돌아오는 것이 가장 중요하
다. 이를 위해서는 나 자신이 누구인지 명확히 알아야만 할 것
이다. 자기 성품의 정혜를 먼저 닦는다면 이미 공적과 영지를
마음대로 할 수 있으므로 다른 노력이 그다지 필요하지 않을
것이다.

　깨닫는다는 것은 우리의 마음에 원래 있는 마음의 정과 마음

87

의 혜를 열고 발현시켜서 본래의 부처의 마음으로 돌아가는 데
있을 뿐이다.]

15. 선정과 지혜에 의지해서 자유롭게

말을 따라 알려하면 의혹 생기고 뜻 얻고 말 잊으면 힐문 필요 없다.

則頓門箇者 依自性門 任運亡功
즉돈문개자 의자성문 임운망공
漸門劣機 趣隨相門 對治勞功
점문열기 취수상문 대치노공
二門之機 頓漸不同 優劣皎然
이문지기 돈점부동 우열교연
云何先悟後修門中 竝釋二種耶
운하선오후수문중 병석이종야
請爲通會 令絶疑情
청위통회 영절의정

즉 돈문의 사람은 자기 성품에 따라 걸림이 없으니 노력할 것이 없고, 점문의 열등한 근기는 상을 따라서 대상에 따라 다스려야 하는 노력이 필요합니다. 이렇게 돈문과 점문의 두 문은 서로 근기가 다르고 우열이 분명한데, 먼저 깨닫고 뒤에 닦는 방법 가운데서 어떻게 두 가지를 아울러 말씀하십니까. 다시 잘 설명하여 의심을 풀어주십시오.

答所釋皎然 汝自生疑 隨言生解

답소석교연 여자성의 수언생해

轉生疑惑 得意忘言 不勞致詰

전생의혹 득의망언 불로치힐

若就兩門 各判所行 則修自性定

약취양문 각판소행 즉수자성정

慧者 此是頓門 用無功之 功竝運雙寂

혜자 차시돈문 용무공지 공병운쌍적

自修自性 自成佛道者也

자수자성 자성불도자야

修隨相門定慧者 此是未悟前漸門

수수상문정혜자 차시미오전점문

劣機 用對治之功 心心斷惑

열기 용대치지공 심심단혹

取靜爲行者 而此二門所行 頓漸各異

취정위행자 이차이문소행 돈점각이

不可參亂也

불가참란야

해석은 분명한데 그대가 스스로 의심을 내는구나. 말을 따라 알려고 하면 다시 의혹이 생기고 뜻을 얻고 말을 잊으면 힐문할 필요가 없다.

만약 그 두 문에서 각기 수행할 바를 판단한다면, 자기 성품의 선정과 지혜를 닦는 자는 이 돈문의 노력없는 노력으로 두 가지 고요함, 즉 돈문의 고요함과 수상문의 고요함을 아울러 운용(運用)하여 자기 성품을 스스로 닦아서 불도를 이루는 사람이다.

그리고 상을 따르는 방법으로 선정과 지혜를 닦는 자는 깨치기 전의 점문의 열등한 근기로서 대상을 따라 다스리는 공력으로 인해 마음마다 의혹을 끊고 고요함을 취해서 수행하는 사람이다. 그러므로 이 두 문의 수행은 돈(頓)과 점(漸)이 다르니 혼동해서는 안된다.

然悟後修門中　兼論隨相門中對治者
연오후수문중　겸론수상문중대치자
非全取漸機所行也　取其方便
비전취점기소행야　취기방편
假道托宿而已　何故於此頓門
가도탁숙이이　하고어차돈문
亦有機勝者　亦有機劣者　不可一例
역유기승자　역유기열자　불가일예
判其行李也　若煩惱淡薄　身心輕安
판기행리야　약번뇌담박　신심경안
於善離善　於惡離惡　不動
어선이선　어악이악　부동
八風　寂然三受者　依自性定慧　任運雙修
팔풍　적연삼수자　의자성정혜　임운쌍수

天眞無作 動靜常禪 成就自然之理
천진무작 동정상선 성취자연지리
何假隨相門對治之義也
하가수상문대치지의야
無病不求藥
무병불구약

　그러나 깨달은 뒤에 닦는 문에서 겸해서 상(相)을 따라 다스
리는 법을 말한 것은 점문(漸門)의 근기가 닦는 것을 전적으로
취한 것이 아니라 그 방편을 취해서 길을 빌리고 숙소를 의탁
한 것뿐이다. 왜냐하면 이 돈문에도 역시 근기가 뛰어난 사람
과 열등한 사람이 있으므로 한 가지 예로, 가는 길을 판단할
수 없기 때문이다.
　만약 번뇌가 엷고 몸과 마음이 편안하여 선악에 대해서도 무
심하고, 여덟 가지 번뇌에도 동요하지 않고, 세 가지 느낌에도
고요한 이는 자기 성품의 선정과 지혜에 의지하여 자유롭게 겸
해서 닦아나가되 천진하여 조작됨이 없다. 움직이거나 고요하
거나 항상 선정에 있으므로 자연의 이치를 성취한 것인데 왜
상을 따라 다스리는 방법을 빌리겠는가. 병이 없으면 약을 구
하지 않는다.

　[번뇌가 없고 몸과 마음이 편안하여 선과 악의 분별이 없는
마음을 가지게 된다면 진정한 자유의 내적 자아로 살아갈 수가

있을 것이다.

마음을 흔드는 그 어떤 것에도 동요되지 않고, 나에게 어떠한 일이 일어나도 이에 평안한 마음을 잃지 않아야 한다. 좋고 싫음을 떠나고 어떠한 분별심을 발휘하지 않는 그러한 마음을 가질 수 있도록 해야 한다.]

16. 생각에 의심이 없어 번뇌에 물들지 말고

의심의 뿌리가 끊어지지 않으면 생사의 세계에 자재로 울 수 없다.

雖先頓悟 煩惱濃厚 習氣堅重
수선돈오 번뇌농후 습기견중
對境而念念生情 遇緣而心心作對
대경이염념생정 우연이심심작대
被他昏亂 使殺昧却寂知常然者
피타혼란 사살매각적지상연자
卽借隨相門定慧 不忘對治 均調昏亂
즉차수상문정혜 불망대치 균조혼란
以入無爲 卽其宜也
이입무위 즉기의야

그러나 비록 먼저 깨달았다 하더라도 번뇌가 두텁고 습기가 무거워서 경계를 대하면 생각 생각에 감정이 일어나고, 반연을 만날 적마다 마음은 대상을 만들어 혼침과 산란에 빠져서 고요함과 아는 마음이 흐려지는 사람은 곧 상을 따라 수행하는 선정과 지혜를 빌려서 다스려야 함을 잊지 말고, 혼침과 산란을 고루 다스려 무위에 들어감이 마땅하다.

雖借對治功夫　暫調習氣
수차대치공부　잠조습기
以先頓悟心性本淨　煩惱本空故
이선돈오심성본정　번뇌본공고
卽不落漸門劣機　汚染修也
즉불락점문열기　오염수야
何者修在悟　前　則雖用功不忘
하자수재오　전　즉수용공불망
念念熏修　着着生疑　未能無礙
염념훈수　착착생의　미능무애
如有一物　在胸中　不安之相
여유일물　애재흉중　불안지상
常現在前　日久月深　對治功熟
상현재전　일구월심　대치공숙
則身心客塵　恰似輕安　雖復輕安
즉신심객진　흡사경안　수부경안
疑根未斷　如石壓草　猶於生死界
의근미단　여석압초　유어생사계
不得自在　故云　修在悟前　非眞修也
부득자재　고운　수재오전　비진수야

　비록 대상에 따라 다스리는 공부를 빌려서 잠시 습기를 조절
하지만 이미 마음의 본성이 본래 깨끗하고, 번뇌가 본래 비었

음을 깨쳤기 때문에 점문의 열등한 근기에 물들은 수행에는 떨어지지 않는다. 왜냐하면 깨치기 전의 수행이란 비록 공부를 잊지 않고 생각 생각에 익히고 닦지만 곳곳에서 의심을 일으켜 자유롭지 못함이 마치 한 물건이 가슴에 걸려있는 것 같아서 불안한 모습이 항상 앞에 나타난다.

그러다가 오랜 세월이 지나서 대상에 따라 다스리는 공부가 익으면 몸과 마음과 객관의 대상이 편안해진 것 같을 것이다. 그러나 비록 편안한 것 같으나 의심의 뿌리가 끊어지지 않은 것이 돌로 풀을 눌러놓은 것 같아서 오히려 생사의 세계에 자재로울 수가 없다. 그러므로 깨치기 전에 닦는 것은 참다운 닦음이 아니라고 하는 것이다.

悟人分上 雖有對治方便 念念無疑
오인분상 수유대치방편 염념무의
不落汚染 日久月深
불락오염 일구월심
自然契合天眞妙性 任運寂知
자연계합천진묘성 임운적지
念念攀緣一切境 心心永斷諸煩惱
염념반연일체경 심심영단제번뇌
不離自性 定慧等持 成就無上菩提
불리자성 정혜등지 성취무상보리
與前機勝者 更無差別 則隨相門定慧
여전기승자 갱무차별 즉수상문정혜

雖是漸機所行 於悟人分上
수시점기소행 어오인분상
可謂點鐵成金 若知如是
가위점철성금 약지여시
則豈以二門定慧
즉기이이문정혜
有先後次第二見之疑乎
유선후차제이견지의호

깨달은 사람의 입장에서도 비록 대상에 따라 다스리는 방편이 있지만 생각에 의심이 없어 번뇌에 물들지 않는다. 그리하여 오랜 세월이 가면 자연히 천진하고 묘한 성품에 계합되어 고요하고 아는 것이 자유롭고, 생각이 일체의 경계에 반연하면서도 마음마음은 모든 번뇌를 영원히 끊어버리되 자기의 성품을 떠나지 않고 선정과 지혜를 평등히 가져 무상보리(無上菩提)를 이루어 앞에 말한 근기가 뛰어난 사람과 다름이 없게 되는 것이다.

상을 따르는 수상문의 선정과 지혜는 비록 점차로 수행해야 하는 근기를 가진 자가 행하는 것이지만 깨달은 사람의 입장에서 보면 쇠로 금을 이루는 것이라 할 수 있다.

만약 이렇게 안다면 어찌 자성문(自性門) 수상문(隨相門) 두 문의 선정과 지혜에 있어서 앞뒤의 차례가 있다는 두 가지 견해의 의심이 있을 수 있겠는가.

[원초적으로 깨침이 없으므로 근본적인 의심이 남아 있어서 열심히 수행한다고 하더라도 그 의심을 풀어버릴 수가 없는 것이 마치 가슴에 어떤 물건이 걸려 마음이 답답한 것과 같을 수 있다.

이에 모든 의심의 뿌리를 버리고 내적 자아를 믿으며 수행을 하여야 근본적인 의심이 없는 진정한 부처의 마음에 이를 수 있을 것이다.]

17. 자기에게로 돌아가 근본에 계합한다.

글에 집착 말고 참뜻을 바로 깨닫고 자기에게 돌아가 근본에
계합해야

願諸修道之人 研味此語 更莫狐疑
원제수도지인 연미차오 갱막호의
自生退屈 若求丈夫之志
자생퇴굴 약구장부지지
求無上菩提者 捨此奚以哉 切莫執文
구무상보리자 사차해이재 절막집문
直須了義 一一歸就自己 契合本宗
직수요의 일일기취자기 계합본종
則無師之智 自然現前 天眞之理
즉무사지지 자연현전 천진지리
了然不昧 成就慧身 不由他悟
요연불매 성취혜신 불유타오

　바라건대, 모든 도 닦는 사람은 이 말을 깊이 음미해서 다시
는 의심으로 인해 스스로 물러나는 일이 없도록 하라. 만약 장
부의 뜻을 가지고 최상의 보리를 구하는 사람이라면 이것을 버
리고 어떻게 할 것인가. 결단코 글에 집착하지 말고 바로 참뜻

을 깨달아서 일일이 자기에게 돌아가 근본에 계합한다면 스승 없는 지혜가 저절로 앞에 나타나고 천진한 이치가 분명하여 지혜의 몸을 성취하되 타인으로 말미암아 깨닫지 않으리라.

而此妙旨 雖是諸人分上
이차묘지 수시제인분상
若非夙植般若種智 大承根器者
약비숙식반야종지 대승근기자
不能一念而生正信 豈徒不信
불능일념이생정신 기도불신
亦乃謗 返招無間者
역내방독 반초무간자
比比有之 雖不信受 一經於耳
비비유지 수불신수 일경어이
暫時結緣 其功闕德 不可稱量
잠시결연 기공궐덕 불가칭량
如唯心訣云 聞而不信
여유심결운 문이불신
尙結佛種之因 學而不成
상결불종지인 학이불성
猶蓋人天之福 不失成佛之正因
유개인천지복 불실성불지정인
況聞而信 學而成 守護不忘者
황문이신 학이성 수호불망자

其功德 豈能度量
기공덕 기능탁량

  이러한 묘한 뜻은 비록 모든 사람에 해당되긴 하나 일찍이 지혜의 종자를 심은 대승의 근기가 아니면, 능히 한 생각에 바른 믿음을 내지 못할 것이다. 한갓 믿지 않을 뿐만 아니라 오히려 비방하여 무간지옥에 떨어지는 자가 허다히 많다.

  그러나 믿고 받아들이지 않더라도 한 번 귀를 스쳐 잠시라도 인연을 맺은 그 공덕은 헤아릴 수 없는 것이다. 그러므로 <유심결>에 "듣고서 믿지 않더라도 부처가 될 인연을 맺고, 배우고 이루지 못했다 하더라도 오히려 인간과 천상의 복보다 뛰어나다"고 하였다. 이렇게만 해도 성불할 바른 인연을 잃지 않는데 하물며 들어서 믿고, 배워서 이루고, 이를 잊지 않고 수호하는 사람의 그 공덕이야 어찌 헤아릴 수 있겠는가.

追念過去輪廻之業 不知其幾千劫
추념과거윤회지업 부지기기천겁
墮黑暗入無間 受種種苦
타흑암입무간 수종종고
又不知其幾何 而欲求佛道 不逢善友
우부지기기하 이욕구불도 불봉선우
長劫沈淪 冥冥無覺 造諸惡業
장겁침륜 명명무각 조제악업
時或一思 不覺長 其可放緩

시혹일사 불각장우 기가방원
再受前殃 又不知誰復使我 今値人生
재수전앙 우부지수부사아 금치인생
爲萬物之靈 不昧修眞之路
위만물지령 불매수진지로
實謂盲龜遇木 纖芥投鍼
실위맹구우목 섬개투침
其爲慶幸 曷勝道哉
기위경행 갈승도재

　과거에 윤회하던 업을 돌이켜 보면 몇 천 겁을 흑암지옥에
떨어지고, 무간지옥에 들어가 온갖 고통을 받았을 것인가. 또
불도를 구하고자 해도 착한 벗을 만나지 못하여 그 얼마나 오
랜 겁을 나고 죽는 바다에 빠져든 채 깨닫지 못하여 많은 악업
을 지었던가. 때때로 한 번씩 생각하면 모르는 사이에 긴 한숨
이 나오는데, 어찌 또 게으름을 피워 지난 날의 재앙을 다시
받겠는가. 그리고 누가 나로 하여금 지금 인생으로 태어나 만
물의 영장이 되어 진리의 길을 닦도록 하였는가. 실로 눈먼 거
북이 나무를 만나고, 작은 겨자씨가 바늘에 꽂힘과 같으니 그
다행함을 어찌 말로 다 하겠는가.

　[마음에 도를 닦기 위해서는 이러한 경지에 이르기 위한 간
절히 소원하고 바라는 마음이 있어야 한다. 훌륭한 가르침을

항상 마음속에 두고 이를 자신의 몸에 익혀 삶의 모든 것에서 나타나야 한다.

수행자는 자고로 큰 뜻을 품어 보살이 되고자 노력해야 하고 본래 자신의 모습으로 돌아가야 한다. 진정한 자기의 본래 마음, 본래 모습으로 돌아가는 것이 나를 찾는 길이고 나를 아는 길이며 부처에 이르는 길이다.]

18. 다시 어느 생을 기다려 이 몸을 제도

수도하는 사람들은 방일하지 말고 머리에 타는 불을 끄듯이 살펴라

我今若自生退屈 或生懈怠
아금약자생퇴굴 혹생해태
而恒常望後 須臾失命 退墮惡趣
이항상망후 수유실명 퇴타악취
受諸苦痛之時 雖欲願聞一句佛法
수제고통지시 수욕원문일구불법
信解受持 欲免辛酸 豈可復得乎
신해수지 욕면신산 기가부득호
及到臨危 悔無所益 願諸修道之人
급도임위 회무소익 원제수도지인
莫生放逸 莫着貪淫 如救頭然
막생방일 막착탐음 여구두연
不忘照顧 無常迅速 身如朝露
불망조고 무상신속 신여조로
命若西光 今日雖存 明亦難保
명약서광 금일수존 명역난보
切須在意 切須在意

절수재의 절수재의

　내가 지금 만일 스스로 물러날 마음을 내거나 게으름을 부려 항상 뒤로 미루다가 잠깐 사이에 목숨을 잃고 악도에 떨어져 온갖 고통을 받을 때에는 아무리 한 구절 불법을 들어서 믿고, 알고, 받들어서 고통을 면하고자 해도 다시 얻을 수 있겠는가. 위태로운데 이르러서는 후회한들 소용이 없다.
　원컨대 모든 수도하는 사람들은 방일하지 말고, 탐욕과 음욕에 집착하지 말고, 머리에 타는 불을 끄듯이 살피고 돌아보는 것을 잊지 말라. 덧없는 세월은 신속하여 몸은 아침 이슬과 같고, 목숨은 석양과 같으니, 비록 오늘 살았다 해도 내일을 보장하기 어려우니, 간절히 마음에 새기고 간절히 마음에 새겨라.

且憑世間有爲之善 亦可免三途苦輪
차빙세간유위지선 역가면삼도고륜
於天上人間 得殊勝果報 受諸快樂
어천상인간 득수승과보 수제쾌락
況此最上乘甚深法門
황차최상승심심법문
暫時生信 所成功德 不可以比喩
잠시생신 소성공덕 불가이비유
說其少分 如經云
설기소분 여경운
若人以三千大千世界七寶

약인이삼천대천세계칠보

布施供養爾所世界衆生

보시공양이소세계중생

皆得充滿 又敎化爾所世界一切衆生

개득충만 우교화이소세계일체중생

令得四果 其功德 無量無邊

영득사과 기공덕 무량무변

不如一食頃 正思此法 所獲

불여일식경 정사차법 소획

功德 是知我此法門 最尊最貴

공덕 시지아차법문 최존최귀

於諸功德 比況不及

어제공덕 비황불급

　또 세상의 유위(有爲)의 선을 따라도 삼악도의 고통을 면하고, 천상과 인간에서 뛰어난 과보를 얻어 온갖 즐거움을 누리는데, 하물며 이 최상승의 깊은 법문이겠는가. 잠시만 믿더라도 그 공덕은 어떤 비유로도 말할 수 없다. 경에 이르기를 '만약 어떤 사람이 삼천대천 세계에 가득찬 칠보로써 세상 중생들에게 보시하고 공양하여 다 만족하게 하고, 또 그 세계의 모든 중생을 교화하여 사과(四果)를 얻게 한다면 그 공덕은 한량없고 끝없을 것이다. 그러나 밥 한 그릇 먹는 잠깐 동안만이라도 이 법을 바로 생각하여 얻는 공덕만은 못하다.' 하였다. 그러므로 우리의 이 법문이 가장 높고 귀하여 모든 공덕에 견줄 수 없음을 알아야 한다.

故云經 一念淨心是道場
고운경 일념정심시도량
勝造恒沙七寶塔 寶塔畢竟碎爲塵
승조항사칠보탑 보탑필경쇄위진
一念淨心成正覺 願諸修道之人
일념정심성정각 원제수도지인
硏味此語 切須在意
연미차어 절수재의
此身不向今生度 更待何生度此身
차신불향금생도 갱대하생도차신

    그러므로 경에 말하기를 '한 생각 깨끗한 마음이 바로 도량 (道場)이니, 갠지스강의 모래 수와 같은 칠보탑을 만드는 것보다 훌륭하다. 칠보탑은 마침내 부서져 티끌이 되지만 한 생각 깨끗한 마음은 정각을 이룬다.'하였다. 원컨대 수도하는 모든 사람은 이 말을 깊이 음미하여 간절히 마음에 새겨야 할 것이다. 이 몸을 금생에 제도하지 못하면 다시 어느 생을 기다려 이 몸을 제도할 것인가.

    [우리는 세상을 살아가면서 나만을 위해, 우리 집 우리 가족만을 위해 살 수는 없다. 정신, 육체, 물질을 통해 자의가 되었

든 타의가 되었든, 알든 모르든 베풀어주고 베풂을 받고 사는 것이 일반적이다.

이렇게 하는 것이 선함이요, 보시라 할 것이다. 이러한 공덕만 가지고도 삼악도를 벗어날 수 있으니 함이 없는 선, 무상보시, 무주상보시를 실현할 수 있도록 노력해야 한다.]

19. 보배를 얻으려거든

보배 있는 곳 알고도 구하지 않겠는가?

今若不修 萬劫差違 今若强修
금약불수 만겁차위 금약강수
難修之行 漸得不難 功行自進
난수지행 점득불난 공행자진
嗟夫 今時人 飢逢王饍 不知下口
차부 금시인 기봉왕선 부지하구
病遇醫王 不知服藥
병우의왕 부지복약
不曰如之何如之何者
불왈여지하여지하자
吾末 如之何也已矣
오미 여지하야이의

　지금 만약 닦지 않으면 만겁에 어긋나고, 지금 만약 억지로라도 닦으면 닦기 어려운 수행도 점점 어렵지 않게 되어 공행(功行)이 저절로 나아갈 것이다. 슬프다, 지금 사람은 배가 고프면서도 맛난 음식을 보고 먹을 줄을 알지 못하고, 병이 들어 의사를 만났어도 약을 먹을 줄 모르는구나. 참으로 '어떻게 할

까, 어떻게 할까'하며 걱정하지 않는 사람은 나도 어찌할 수 없다.

且世間有爲之事 其狀可見 其功可驗
차세간유위지사 기상가견 기공가험
人得一事 歎其希有 我此心宗
인득일사 탄기희유 아차심종
無形可觀 無狀可見 言語道斷
무형가관 무상가견 언어도단
心行處滅 故天魔外道 毁謗無門
심행처멸 고천운외도 훼방무문
釋梵諸天 稱讚不及
석범제천 칭찬불급
況凡夫淺識之流 其能△△
황범부천식지류 기능방불

　또 세상 유위(有爲)의 일은 그 형상을 볼 수도 있고 그 공덕도 경험할 수 있으므로 사람들이 한 가지 일만 얻어도 희귀하다고 감탄한다. 그러나 나의 이 마음은 그 형상을 볼 수도 없고 말로 표현할 수도 없으며 마음으로도 생각할 수가 없다. 그러므로 천마와 외도들이 훼방하려 해도 길이 없고 제석천과 범천의 모든 하늘이 칭찬하려 해도 미치지 못하는데 하물며 얄팍한 범부의 무리가 어찌 짐작이나 할 수 있겠는가.

悲夫井蛙 焉知滄海之闊

비부정와 언지창해지활

野干何能師子之吼 故知末法世中

야간하능사자지후 고지말법세중

聞此法門 生希有想 信解受持者 已於

문차법문 생희유상 신해수지자 이어

無量劫中 承事諸聖 植諸善根

무량겁중 승사제성 식제선근

深結般若正因 最上根性也

심결반야정인 최상근성야

故金鋼經云 於此章句 能生信心者

고금강경운 어차장구 능생신심자

當知是人 已於無量佛所 種諸善根

당지시인 이어무량불소 종제선근

又云爲發大乘者說 爲發最上乘者說

우운위발대승자설 위발최상승자설

　슬프다, 우물 안 개구리가 어찌 바다의 넓음을 알며, 여우가
어찌 사자의 소리를 할 수 있겠는가. 그러므로 말법 세상에 이
법문을 듣고 희유한 생각을 내어 믿고, 이해하여 받아 지니는
사람은 이미 한량없는 겁 동안 모든 성인을 받들어 섬겨서 모
든 선근을 심고 지혜의 바른 인연을 깊이 맺은 최상의 근기임
을 알 수 있다.

　그러므로 <금강경>에 "이 글귀에 능히 신심을 내는 사람은

이미 한량없는 부처님의 처소에서 모든 선근을 심은 것이다."
라 하였고, 또 "이 법은 대승의 마음을 낸 사람과 최상승의 마
음을 낸 사람을 위하여 설한다."고 하였다.

願諸求道之人 莫生怯弱

원제구도지인 막생겁약

須發勇猛之心 宿劫善因 未可知也

수발용맹지심 숙겁선인 미가지야

若不信殊勝 甘爲下劣 生艱阻之想

약불신수승 감위하열 생간조지상

今不修之 則縱有宿世善根 今斷之故

금불수지 즉종유숙세선근 금단지고

彌在其難 展轉遠矣 今旣到寶所

미재기난 전전원의 금기도보소

不可空手而還 一失人身 萬劫難復

불가공수이환 일실일신 만겁난복

請須愼之 豈有智者 知其寶所

청수신지 기유지자 지기보소

反不求之 長怨孤貧

반불구지 장원고빈

若欲獲寶 放下皮囊

약욕획보 방하피낭

  원컨대 도를 구하는 사람은 겁내거나 약한 마음을 내지 말고

부디 용맹스런 마음을 내어야 한다. 숙세에 맺은 거룩한 인연 가히 알 수 없기 때문이다. 만약 이처럼 수승한 근기를 믿지 않고 스스로 못났다고 하여 어렵다는 생각을 내어 금생에 닦지 않으면 비록 숙세에 선근이 있다 해도 지금 그것을 끊어버리는 것이 되므로 더욱 어려워지고 점점 멀어질 것이다.

이미 보배 있는 곳에 왔으니 빈손으로 돌아가지 않도록 해야 한다. 한 번 사람의 몸을 잃으면 만겁에 회복하기 어려우니 청컨대 부디 삼가야 한다. 지혜로운 사람이라면 어찌 보배가 있는 곳을 알고도 그것을 구하지 않다가 오래 외롭고 가난함을 원망하겠는가. 만약 보배를 얻으려거든 그 가죽주머니를 놓아버려라.

[부처가 되기 위해서는 마음을 닦아야 한다. 마음은 다른 사람의 마음이 아닌 나 자신의 마음이어야 한다. 다른 사람에게 의지하지 말고 다른 때에 하려고 미루지 말도 나 스스로 지금 나의 마음을 닦아야 한다.

이 세상에서 나의 마음보다 더 중요한 것은 없다. 나 스스로 나의 마음을 어찌 하지 못하는 데 다른 것이 무슨 소용이 있겠는가?

나에게 가장 중요한 것은 나의 마음이다. 이 세상에서 어떠한 고통이나 괴로움이 있더라도, 나에게 어떠한 일이 일어나더라도 나의 마음이 청정하고 고요하며 흔들리지 않고 굳건히 서 있기만 한다면 이 세상에서 내가 존재하는 동안 마음의 평안을

누리고 진정한 자유인으로서 행복한 삶을 살아갈 수 있을 것이
다.]

지은이 정태성

미국 캘리포니아대학 물리학 박사
스위스 제네바대학 박사후연구원
한신대학교 교수(2008~현재)

저서:
Quantum Mechanics, Classical Mechanics, 우주의 기원과 진화, 과학의 위대한 순간들, 뉴턴과 근대과학 탄생의 비밀, 대학물리학, 대학물리학실험, 노벨상 나와라 뚝딱, 삶에는 답이 없다, 행복한 책 읽기, 행복은 여기에, 시는 내게로 다가와, 도덕경의 이해, 장자의 이해, 노벨 문학상을 읽으며, 보다 나은 자아를 위하여, 과학 그 너머, 과학으로의 산책, 길을 찾아서, 고전과 더불어, 한국교회 박해의 역사, 과학의 선구자들, 길은 어디에, 부모님 전상서, 중용과 더불어, 과학으로의 여행, 물리로 보는 세계, 절망의 자아를 딛고 서서, 짐노페디를 듣는 이유, 삶이 말해주는 것들, 오늘 행복하자, 영화가 말해주는 것들, 너에게 보내는 편지, 영어 고급 Vocaburary 연습 1, 2, 그대는 얼마나 오랫동안 불행 속에 있었나, 친구에게, 너는 아프지 않았으면 좋겠다, 별을 가슴에 묻고, 내가 옳지 않을 수 있으니, 영자신문으로 영어공부하기, 물리학으로의 초대, 위대한 과학자의 발자취를 따라서, 삶에 대한 단상, 나에게 이르는 길, 물리학의 숲에서, 영어 어휘력 연습, 명상을 하면서 깨달은 것들, 니체를 읽으며, 행복에 대한 소망, 혼자도 두렵지 않다, 위대한 물리학자들, 이네아스자, 마음을 돌아보며, 행복한 여행, 과학의 숲에서

시집:
됨, 있음, 없음, 버림, 앎, 받아들임, 맡김, 떠남, 잃음, 슬퍼도 슬퍼하지 않는다, 별이 되어 만날까, 무명, 무한의 끝에서, 파랑, 밤하늘의 별

마음을 돌아보며

초판 발행 2023년 7월 15일

지은이   정태성
펴낸이   도서출판 코스모스
펴낸곳   도서출판 코스모스
주소 충북 청주시 서원구 신율로 13
전화 043-234-7027
팩스 043-237-5501

ISBN 979-11-91926-61-3

값 12,000원